UNE DEMEURE ALCHIMIQUE
LE «CHÂTEAU DU CHASTENAY»

Du même auteur

Le rôle social de Napoléon III (préface au livre de M. Bornèque-Vinandy) (Tequi).

Les templiers et les hospitaliers en Cotentin (conférence prononcée à Cherbourg), chez l'auteur.

Les commanderies templières et hospitalières dans l'Yonne (conférence prononcée à Auxerre, au Coche-d'Eau).

Le mystère Barras dans l'énigme du Temple (conférence prononcée à Neuilly-sur-Seine, Bordeaux, Nîmes, Béziers, Nogent-le-Retrou, et vendue au profit des œuvres hospitalières de Malte), 35 F franco, chez l'auteur.

L'alchimie, qu'est-ce que c'est (conférence prononcée à Fontenay-les-Roses), chez l'auteur.

Le mystère des cathédrales et les secrets compagnoniques (conférence prononcée à Cherbourg).

Bourgogne, terre viking (tiré à part de « l'Yonne Républicaine » et du « Bien Public » de Dijon).

Le symbolisme de la grotte (tiré à part du journal « Grottes et gouffres » n° 69 et « l'Yonne Républicaine »).

Un héros méconnu de la guerre d'Indépendance américaine et vainqueur à Yorktown : Liberge de Grandchain (conférence prononcée à Grandchain (Eure) et à Bernay).

Une demeure alchimique : le château du Chastenay (essai - éditions du Rocher (Monaco), épuisé, 1986).

Mes chevaliers de Malte (conférence faite à Marseille).

Le siège de Paris par les Vikings (conférence faite à Paris, XIIe).

Jean de La Varende et les siens (conférence prononcée à Rennes).

L'intervention de la franc-maçonnerie française dans la guerre d'Indépendance américaine (conférence en Arcy-sur-Cure), chez l'auteur, 35 F franco.

L'or du Temple ou les templiers et l'argent (conférence en Arcy-sur-Cure), 1989, chez l'auteur, 35 F franco.

A paraître aux éditions du Chastenay

Les grottes d'Arcy : hier, aujourd'hui et demain.

Les inventeurs du site préhistorique d'Arcy.

Guillaume, ce bâtard à la conquête d'un royaume (en préparation).

La saga des cygnes (essai sentimental sur une hérédité normande et bourguignonne).

Symboles sacrés et profanes (traité de symbolique).

Belle, sainte et païenne Bourgogne (récit).

Vézelay, lieu magique et sacré.

Chronique d'un village bourguignon.

Quelques portraits familiaux.

Nicolas de Bonneville-Chamblac, général républicain et franc-maçon.

La liberté des Etats-Unis d'Amérique est venue de la mer (l'intervention navale de la France dans la guerre d'Indépendance américaine).

GABRIEL DE LA VARENDE

UNE DEMEURE ALCHIMIQUE
LE « CHATEAU DU CHASTENAY »

Itinéraire ésotérique, alchimique et templier
autour d'un logis ancien : le château du Chastenay
(ex-château du Lys) en Arcy-sur-Cure (Yonne)

Le château du Chastenay

ÉDITIONS DU CHASTENAY
Château du Chastenay
89270 ARCY-SUR-CURE

AVERTISSEMENT AU LECTEUR

Voici la deuxième édition de « Une demeure alchimique, le château du Chastenay », mais ce n'est pas tout à fait le même auteur qui publie pour la deuxième fois l'ouvrage épuisé sur sa « maison-fée ». La magique demeure a, en effet, muté l'homme par une spirituelle alchimie. Que de souffrances et de difficultés furent nécessaires pour que la passion possessive devienne tendresse et amour.

La connaissance, conscience du message de pierre, devait être transmise pour que cette possession devienne viagère, en pierre de touche d'une science symbolique et ésotérique dont ce livre était le balbutiement.

L'auteur n'a pas voulu refaire l'ouvrage et ni faire de mise à jour, car d'autres tâches s'imposent à lui, sur le chemin de l'ésotérique connaissance, qu'il se sent le devoir de transmettre à ses visiteurs ; même si ceux-ci s'étonnent parfois qu'une façade puisse parler, autant... que son propriétaire !

Si l'auteur n'est plus tout à fait le même, l'éditeur, lui, est tout autre. Gabriel de La Varende, amoureux des livres et de l'imprimé, a voulu faire le saut et ne point laisser à autrui le soin d'éditer et distribuer son livre. D'autant qu'une édition anglaise doit prochainement voir le jour, puisque dans cette langue, une traduction a déjà été faite bénévolement par un amoureux de sa maison. Avec d'autres amoureux, les éditions du Chastenay sont donc nées hier et éditent ce deuxième tirage. Elles doivent aussi publier divers écrits, tant sur la symbolique que sur les trésors archéologiques que recèlent les grottes d'Arcy ; trésors connus et inconnus dont les prémices sont apparus très récemment et qui feront demain d'Arcy-sur-Cure, un autre Lascaux, peut-être...

Les éditions du Chastenay.

ISBN 2 908 772 00 0

PRÉFACE

LE CHATEAU DU CHASTENAY

Exemple rare en France, le château du Chastenay est resté, sans césure aucune, dans le même sang depuis 1086, et son actuel occupant, le comte de LA VARENDE, vingt-neuvième propriétaire, est le descendant du fondateur Gibault d'ARCY. Gabriel de LA VARENDE souhaite ardemment que cette possession « viagère » continue toujours de rendre vivantes d'amour ses pierres bourguignonnes. Ne furent-elles pas, en effet, hier, un relais de pèlerins sur les routes de Jérusalem et de Compostelle ?

Demeure des XIIIe, XIVe et XVIIIe siècles, relevant de la ruine en 1966, elle fait, depuis 1972, l'objet d'une amoureuse restauration dirigée par M. Bernard COLLETTE, architecte en chef et inspecteur des Monuments historiques de France. Merci à ce maître d'œuvre qui a su, en une sorte de génie, lui redonner l'âme et la beauté de son origine.

Ce château privé mais patrimoine de tous les Français, classé monument historique, présente un aspect insolite à tout curieux qui, comme Gabriel de LA VARENDE, cherche à comprendre le langage des pierres.

Par la découverte d'une gravure de LIMOJON de SAINT-DIDIER, « Le Triomphe de la pierre philosophale » (1699) et la comparaison qu'il en fit avec les signes extérieurs de sa maison, Gabriel de LA VARENDE comprit un jour par l'alchimie, sa façade et les ornements qui la sculptent. Il se plongea alors dans l'étude des connaissances ésotériques et occultes. Cette recherche le conduisit à l'interprétation de la symbolique, clé d'un langage architectural et spirituel médiéval, comme elle l'amena ensuite à approfondir les techniques et secrets compagnoniques des bâtisseurs de cathédrales.

Aussi, par l'ésotérisme des pierres, la connaissance du nombre d'or et des tracés médiévaux, avec un véritable talent de conteur qui captive jusqu'aux plus jeunes enfants, s'efforce-t-il chaque jour de faire vivre à ses visiteurs cet univers insolite dans lequel éclatent, à l'insu de tous, la perception de l'or alchimique, cheminement vers la sagesse suprême et le génie architectural des maîtres d'œuvre du Moyen Age.

Le livre de Gabriel de LA VARENDE, « Une demeure alchimique, le château du Chastenay », révèle par le détail, la voie de sa découverte et dévoile les arcanes de sa maison qu'il qualifie amoureusement de « Fée ».

Et qui verra la fée d'or, sous les feux des projecteurs, se dresser dans la nuit, sera baigné de ses charmes, comme en une mystérieuse alchimie...

Bénédicte du ROSCOÄT.

> Tout homme a ses abysses inconscientes dans lesquelles nul ne pourra plonger, même lui, sauf s'il acquiert une connaissance ésotérique.
>
> Michel CARENTONNE

AVANT-PROPOS

LIRE UN CHATEAU

Un soir, en Vendômois, autour d'une table chaleureuse illuminée par les reflets rougeoyants d'un feu de bois, une discussion animée portait sur cathédrales et châteaux du Moyen Age. On parlait esthétique et signification. Quel était le discours le plus profond ? Celui de la cathédrale ou celui du château ? L'étude de la symbolique médiévale m'avait entraîné sur le chemin des constructeurs de cathédrales (1) dont le message m'apparaissait essentiel pour notre temps. Les châteaux, je l'avoue, me semblaient œuvres plus individualistes, plus profanes.

En approfondissant ma démarche, je m'aperçus que cette vue était trop simpliste. Lorsque les grands chantiers de cathédrales se fermèrent, en raison de circonstances historiques et économiques qui allaient aboutir à de profondes mutations des

(1) Voir C. Jacq, *le Message des bâtisseurs de cathédrales*, collection Gnose, Editions du Rocher.

sociétés initiatiques de bâtisseurs, leur tradition ésotérique ne disparut pas pour autant. Des sculptures monumentales ornant les temples chrétiens, elle passa dans les stalles des moines ou dans le décor des châteaux et des demeures privées où les artisans initiés avaient déjà eu coutume d'œuvrer. Il suffit d'ouvrir les yeux pour voir : se déroule alors la litanie de ce qu'on a appelé « les demeures philosophales », telles Dampierre-sur-Boutonne, le palais Jacques Cœur, Anet, et tant d'autres dont la liste est loin d'être établie.

Il existe un mystère des châteaux. Quand j'ai rencontré Gabriel de La Varende, l'actuel propriétaire du manoir du Chastenay, à Arcy-sur-Cure, j'ai perçu qu'il vivait pour que dure le rayonnement d'une demeure sacrée qu'il étudie avec ferveur et rigueur depuis de nombreuses années. Dans ce « château-fée », comme il le nomme parfois, il a tenté de déchiffrer cette science médiévale aussi spirituelle que pratique. Le temps des cathédrales, de la chevalerie et de l'apogée de la littérature française n'est certes pas un âge moyen, coincé entre deux époques dont le moins qu'on puisse dire est qu'elles n'ont peut-être pas le rayonnement et la clarté du « Moyen Age ».

Gabriel de La Varende s'est familiarisé avec l'enseignement des bâtisseurs médiévaux. Un enseignement bien particulier, puisqu'il est gravé dans la pierre. Pour lire leurs livres, il faut utiliser un autre regard, avoir appris à construire avec ses mains comme avec sa pensée. L'auteur de cet ouvrage s'est plié à cette discipline et il en a retiré des fruits qu'il nous invite aujourd'hui à goûter.

Qu'un manoir comme Le Chastenay ait servi de support à une telle transmission n'implique pas qu'elle soit réservée à une pseudo-élite affichant un quelconque « goût féodal ». Les études les moins partisanes ont prouvé qu'il ne fallait pas opposer de manière systématique le méchant seigneur capitaliste aux bons serfs opprimés. La réalité était infiniment plus complexe. Le château, cosmos en miniature, associait dans un effort à la fois identique et dissemblable, le noble et le vassal. La féodalité n'est pas un système anti-démocratique et anti-populaire, mais une vision du monde adaptée au milieu et au moment. Aujourd'hui, un manoir tel que Le Chastenay appartient à tous, même si son entretien et sa conservation sont la charge d'un seul : aux visiteurs, grâce à ce livre et à l'accueil de Gabriel de La Varende qui leur fera vivre son château, de ne pas rester de simples visiteurs, mais de devenir des pèlerins du symbole.

Symbole : mot magique qui est la clef de la science des bâtisseurs. On ne peut définir rationnellement un symbole, moyen de communier avec l'invisible, de déchiffrer, par la connaissance du cœur, ce que nos sens ne perçoivent pas. « Faire symbole », c'est abolir l'espace mental qui nous sépare du cosmos. Or Le Chastenay, comme toute œuvre digne de ce nom, est symbole. Gabriel de La Varende a montré que son manoir avait été bâti selon les principes de l'« Art du Trait », cette géométrie secrète qui transmet la science des nombres pythagoricienne et le génie des proportions vivantes. Ce sont ces dernières qui rendent un édifice rayonnant. C'est leur application ou leur ignorance qui fait toute la différence entre un temple animé de l'intérieur et un monument froid, inerte. Les Maîtres d'Œuvre poursuivaient un grand dessein : continuer sur terre l'œuvre commencée dans le ciel par l'Architecte des mondes. Quiconque, par une simple visite, entre en contact avec un édifice initiatique, participe à ce travail jamais achevé, dont le but est de créer un homme connaissant du ciel comme de la terre dont nous devons tenter de déchiffrer les signes.

« Ce n'est pas le fait de naître qui est la vie, mais la conscience », affirmait Hermès Trismégiste (*Traité* XII, 18). Cette phrase extraordinaire s'applique bien à la connaissance vécue du Chastenay, demeure secrète s'il en est. Elle exige de nous un éveil de conscience pour entendre la voix issue de ses pierres. Gabriel de La Varende a montré que seule la tradition hermétique était la clef de lecture du manoir. Cette tradition, dont les origines remontent à l'Egypte ancienne, s'est enrichie des visions gnostiques avant de se traduire, au Moyen Age, par des sciences hermétiques telles que l'alchimie, particulièrement présente dans l'art des châteaux.

Née sur la terre des pharaons, l'alchimie a prolongé sur notre sol les enseignements ésotériques du Moyen-Orient. Elle fut pratiquée, au Moyen Age, dans les cours papales, royales et seigneuriales. Cette science eut longtemps une mauvaise image de marque, à cause de « souffleurs » qui se laissèrent prendre au mirage d'une richesse matérielle rapidement acquise par la voie alchimique. Aujourd'hui, l'alchimie acquiert à nouveau sa vraie grandeur. Pour la pratiquer, ne faut-il pas d'abord découvrir l'Orient en nous, cette région de l'âme où naît la lumière ? En développant ce que Maître Eckhart appelle notre « capacité de Dieu », nous pourrons nous engager sur le long et difficile chemin qui mène à la Pierre de sagesse à partir de laquelle fut construit le cosmos.

Gabriel de La Varende, dont la vie et la pensée sont guidées par cette quête de la sagesse hermétique qu'il a trouvée inscrite sur les murs de son manoir du Chastenay s'est aperçu, en lisant le livre de pierre dont il est le dépositaire, que les éléments architecturaux et les sculptures n'étaient pas disposés au hasard. Tout a un sens, à condition que, comme l'édifice lui-même, nous soyons correctement orientés vers la polaire, pivot de l'axe du monde. L'Œuvre ultime, qui consiste à faire de notre vie un temple, est en nous, non au-dehors de nous ; néanmoins, c'est en nous arrachant à notre égocentrisme et à notre inertie, en voyageant à l'intérieur d'un édifice sacré, en prenant appui sur des symboles qui sont autant de mains tendues, que nous commencerons à gravir l'échelle de la Sagesse.

L'ouvrage de Gabriel de La Varende est aussi un roman d'amour entre un homme et sa demeure. Pas seulement un amour passion dont l'intensité ne se démentira point tout au long des pages qui suivront, mais aussi un amour mystique, au sens où, par la communion avec les pierres vivantes du Chastenay, l'auteur est entré dans le mystère. Amour vrai, puisqu'il n'est pas vécu de façon égoïste : Gabriel de La Varende a ouvert son château aux visiteurs qu'il guide par un passionnant commentaire, et il révèle, dans ce livre, l'existence d'une demeure alchimique qui nous convie à participer au banquet des sages. Les *Editions du Rocher*, fidèles à l'une de leurs missions qui consiste à transmettre la connaissance initiatique sous toutes ses formes, se devait de donner la parole à un homme capable de faire revivre des pierres chargées de signification.

Il y a plusieurs années, déjà, j'avais tenté, en compagnie de François Brunier, de mettre en lumière quelques édifices religieux du Moyen Age occidental où la symbolique s'était exprimée de manière particulièrement significative (1). Je constate aujourd'hui, avec un vif bonheur, qu'une semblable démarche peut s'appliquer aux châteaux et que l'intérêt du public pour ces domaines ne cesse de croître. Peu à peu, au fil de notre véritable histoire, nous redécouvrons l'Homme éternel.

Puisse le travail de Gabriel de La Varende susciter de semblables vocations, éveiller d'autres chercheurs dont l'esprit sera capable de transmettre le message symbolique des pierres parlantes, nourriture indispensable de notre Quête incessante vers la Connaissance.

Christian JACQ.

(1) Saint-Bertrand-de-Comminges, Saint-Just-de-Valcabrère, Le Puy-en-Velay, Oloron-Sainte-Marie, Autun, Vézelay (ces trois dernières études inédites).

CHAPITRE PREMIER

PRÉLUDE A UN ITINÉRAIRE SPIRITUEL

Etonnant est le Manoir du Chastenay, cette demeure philosophale et templière.

Surprenante est aussi cette cité, village de Bourgogne et de l'Yonne, Arcy sur Cure (89270-France) que j'ai osé, aventureusement certes, qualifier d'« Immortelle » car elle a connu la présence de l'homme depuis la plus archaïque préhistoire, à l'aube de l'humanité naissante.

Mais ce terroir, ce « Pays » comme on le qualifie en langue « arcyate bourguignonne aux "R" si chantants » (comme ceux de Colette), a été pour moi une extraordinaire aventure sur tous les plans, qu'ils soient spirituels, corporels, intellectuels, voire même professionnels.

C'est miraculeusement que cette demeure alchimique (et aussi relais de pèlerins vers un itinéraire spirituel) est entrée dans mon patrimoine. Il m'est actuellement impossible d'en conter les circonstances, toutes hors du commun ou de l'usuel, qui m'ont fait retrouver ce solage et des racines millénaires.

Ne suis-je pas actuellement le vingt-neuvième propriétaire, sans aucune césure, ni coupure depuis que le fondateur, Gibaud d'Arcy, a établi un château-fort sur ces collines du bord de la bondissante Cure, rivière venue d'un Morvan granitique fort près du site ? Il avait, ce prime auteur, succédé sans doute à des Gallo-Romains, voire des Romains, qui gardaient, comme lui, d'éternelles routes : celle avec trois camps d'Agrippa qui joignait Rome, puis Autun à Boulogne-sur-Mer. Après lui, ses descendants vont protéger le chemin de Jérusalem, et quand cette dernière cité sainte sera prise, celui de Compostelle, toujours avec trois châteaux dont celui du Chastenay (alors le Lys) qui était la position la plus haute et la plus avancée. Sans doute ne peut-on tout révéler, mais le processus de mutation est, à l'heure actuelle, engagé dans un sens que je crois favorable.

Je dois dire mon étonnement d'être devenu propriétaire de cette maison ancestrale sise en Bourgogne, terre septentrionale où moi le Viking, normand de père et de mère, ne pensais pas demeurer un jour.

Rien, à première vue, ne pouvait me le laisser supposer, surtout avec l'héritage provincial nordique et l'illustration du Nom donné par feu mon oncle Jean de La Varende.

Il était impossible de réaliser que, par le canal de ma grand-mère maternelle pourtant morte, me serait procuré, par personne interposée, un bien de famille détenu par une grand-tante dont j'ignorais tout, même l'existence.

Mais le Destin sait, par des intersignes qui existent pourtant, bien que nous ne sachions pas les voir, procurer la possibilité de chemins que nous devons suivre si nous en avons conscience, mais que nous manquons aussi parce que nous avons été aveuglés par notre matière périssable. Des dons venus du ciel nous sont ainsi donnés par la « Puissance Supérieure », ou le « Monde Invisible », comme la Divinité, mais nous ne les apercevons pas, ayant les yeux fermés par la glaise de l'ignorance ou de l'égoïsme nous coupant de la possibilité de la Connaissance.

Il existe, cependant, des instants où nous pouvons aller à la « Fontaine de Siloé », et comme l'Aveugle-né de l'Evangile, nous nous laverons nos paupières pour, brusquement, apercevoir la « Lumière Divine ». J'ai vécu un instant exceptionnel, survenant contre toute espérance et toute attente, quand m'a été remise cette « maison-fée » du Chastenay. Mais cette offrande a été faite en vue d'une tâche précise qui m'était demandée et que je ne perçus que très longtemps après, quand il me fut possible, étant détaché de la possession purement matérielle, d'exécuter ce qui avait été requis.

Je devais, en effet, au moins continuer la tradition de « tenant du sol ». J'étais, en fait, le seul héritier en position de descendance-née, capable d'assumer le devoir de transmission d'un ancien fief noble. Je me trouvais dans une position d'aventurier, s'engageant dans une difficile entreprise, et pariant sur la propriété de cette « maison magique ».

Sans argent liquide, il m'a fallu oser l'acheter sans la voir, sachant que je devais seulement l'acquérir pour continuer une antique tradition.

N'y avait-il pas sur ce territoire (d'environ deux cents hectares) ce château et ces terres qui font du domaine du Chastenay un site exceptionnel puisque sont présentes les traces de l'Homme et toutes les périodes de son existence depuis la plus lointaine pré-histoire (200 000 ans avant Jésus-Christ) jusqu'à nos jours, que ce soit dans des grottes ou ailleurs.

J'ai dû, pour cette demeure, sacrifier tout ce que j'avais acquis. Oui, le Destin qui m'avait fait signe, m'a aussi obligé à réaliser l'impossible. Mais qu'importe ce que j'ai pu faire pour conserver et occuper ce château alchimique : *un tel bien devait se mériter.*

Il a donc bien fallu que je paye le prix de ce droit, ce qui aurait conduit d'autres au suicide et à la mort, tellement furent importantes mes difficultés.

Pour moi, elles furent nécessaires afin que je puisse en jouir en toute liberté d'esprit. De ces troubles résultera une mutation de mon être. Il était nécessaire que la maison puisse me changer, exactement comme s'il fallait que je devienne un « martyr » (étymologiquement un témoin) pour elle, identique à celui qui doit mourir pour sa patrie par « devoir de piété ».

Pour ma demeure ancestrale, je dus donc devenir pauvre « en esprit » et par voie de conséquence (car les faits suivent souvent les idées), aussi en argent.

Telle une « fiancée », elle m'attendait pourtant !

J'étais sa renaissance. Une génération mourait, l'ayant abandonnée à elle-même, sans lui avoir donné nul soin ni entretien, car on ne l'aimait point : Ne l'appelait-on pas « une Loque » ? Pourtant, il était nécessaire qu'elle puisse survivre car elle était chargée de souvenirs et d'histoire, voire de secrets. Je pense être arrivé à temps, afin que l'érosion du calcaire (périssable comme une existence humaine) ne puisse se réaliser et la transformer en ruine.

La restaurer fut aussi une aventure qu'un jour il me faudra également conter car, là encore, l'inattendu et l'extravagant furent quotidiens.

Nul ne peut savoir ce que j'ai pu souffrir pour cet antique bâtiment. Cela, pourtant, n'a rien d'étonnant : Toute passion, fut-elle de « pierres » est génératrice de douleurs morales ou physiques mais aussi de bonheurs. Aimer n'est-il pas tout accepter pour l'objet de son amour allant même jusqu'à l'ultime sacrifice, celui de sa vie ?

En me transformant, en me permettant d'accomplir une mutation, cette habitation si mystérieuse et si secrète, a fait de moi un être nouveau.

Tout fut nécessaire pour cette nouvelle naissance.

Pour elle, j'ai dû apprendre à parler et aussi à écrire.

Il était de mon devoir de dire la subtile connaissance que cette demeure magique sait créer et donne.

Mon esprit trop sensible, puisque je me suis trouvé envoûté par ces murs, dut s'adapter. Touché par les difficultés résultant de mon statut de propriétaire, je fus obligé de m'armer de marbre, à l'instar de la « statue du commandeur » de Don Juan, afin d'opposer le froid de l'indifférence aux troubles qui, si profondément, me touchaient. Je n'en voulais pas au « logis » de me les avoir procurés car je savais que tout ce qui était fait, l'était pour mon « bien » !

Que de travail pour conférer au château une nouvelle jeunesse qu'il possède maintenant après dix ans d'efforts.

Grâce aux conseils éclairés de l'architecte en chef des monuments de France, il est une demeure rose et blanche, vivante et capable de prendre selon les jours et le temps des colorations diverses : grise en hiver, mais en été dorée par le couchant qui, aux beaux jours ou par un beau soleil, la transforme.

Mais, comment aurai-je pu lui redonner son éclat terni par des siècles d'usure et aussi l'impéritie de l'ancienne propriétaire défunte, si je n'avais pas su son histoire, si je n'avais pas perçu le message secret qu'elle transmet par sa façade et son décor ? Certes, elle m'a été remise en mandataire, au titre viager, et en maillon d'une création qui s'accomplit chaque jour, image d'une Eternité où s'insère l'homme.

Cette demeure s'est livrée à moi comme une maîtresse de chair distille ses charmes et fait connaître à son amant ses plus secrètes voluptés. Je lui ai donné beaucoup de temps, de travail et, aussi, beaucoup d'amour.

Ayant reçu, il me faut restituer. Aussi le moment est-il venu de transmettre ce que j'ai perçu et de tenter de le faire percevoir à autrui.

Si, aujourd'hui, je la rédige par écrit, c'est que, depuis trois ans, je l'ai parlée uniquement et plusieurs fois par jour. Inlassablement et jusqu'au bout de la fatigue, j'ai dû par le « Verbe » (qui est la Vie) faire naître une « magie » des mots afin de créer chez mes visiteurs un climat particulier. Dans un monde dur et violent, qui ne croit ni à Dieu ni au diable, où la seule « pierre de touche » qui serait valable est l'argent, je les place dans l'univers merveilleux de ce haut Moyen Age et je leur fais une « leçon de cathédrale » pour leur apprendre comment, avec les nombres et le corps de l'homme, les anciens savaient édifier des chefs-d'œuvre qui ont su passer les siècles car c'était un message de foi vers un Suprême Créateur qui les inspirait.

Ma maison, je dois la décrire en tous ses détails car c'est elle que je fais parler. Je décrypte avec mes auditeurs des découvertes qui, c'est extraordinaire, ne cessent de s'amplifier. Chaque jour vécu en Bourgogne, chaque moment passé en cette habitation où règne l'expression d'une transmutation alchimique, m'apportent une connaissance nouvelle. J'ai été obligé de la ressentir dans ses secrets qu'elle ne révèle que par une communion intime où jouent d'ailleurs mes « mémoires accumulées », trésor génétique et symbolique légué par mes prédécesseurs en ce manoir. Il m'a fallu le scruter dans tous ses recoins et ses tréfonds, mais j'ai encore beaucoup à faire. Je sais déjà par l'histoire et sans l'avoir approfondi qu'il existe à reconnaître encore un Hadès caché du CHASTENAY, avec caverne et souterrains qu'il faudra un jour découvrir.

Pour comprendre, je dois utiliser mon conscient et mon inconscient. Il existait, en effet, des choses visibles à l'œil nu que je n'ai pu percevoir qu'après avoir parlé devant elles durant deux années sans rien voir. Chaque constatation ainsi mise à jour me plonge à chaque fois dans le plus parfait étonnement : comment peut-il se faire que je sois passé tant de fois devant elles sans m'en rendre compte ? Quand elles sont apparues je me trouvai stupide de n'avoir pas eu la logique qui me commandait de les reconnaître.

Ma surprise s'accroît quand, à cause de cette maison provinciale, je constate que toutes les demeures compostellanes, templières ou alchimiques sont pareilles à la mienne. Il y en a plusieurs sur les routes que parcoururent les hommes en quête d'initiation.

Ces similitudes, cette rencontre des formes et des décors, des portails ou des croisées, par exemple, ne sont pas dus à un hasard, mais à un *calcul délibéré*. Cela n'était pas fait gratuitement, mais pour *servir*, puisque le Haut Moyen Age reste pratique, même dans la formulation de la beauté. Point de hasard non plus si j'ai pu photographier en quatre endroits géographiquement différents mais tous liés par une fonction hospitalière de l'immeuble considéré, l'entourage de la porte de la tour hexagonale dite « de saint Jean », et ceci dans des habitations des XIe et XIIe siècles alors que ma tourelle est datée de 1349 !

Oui, il faut apprendre à voir une habitation ancienne.

Il est nécessaire de découvrir les « clés » qui permettront de faire parler les pierres et les toits. Elles existent mais il faut les trouver, les redécouvrir parfois par pure intuition. C'est un patient travail d'information et l'alchimie, comme la science templière, furent souvent des voies qui me conduisirent à la mathématique « pythagoricienne » et au « trait » compagnonnique. Seules une discipline du nombre et une rectitude de logique, n'admettant d'ailleurs aucune imprécision, étaient alors nécessaires pour le « Beau » dans l'ouvrage de calcaire édifié pour abriter l'homme et Dieu.

Si j'ai pu percevoir cette Alchimie inscrite ouvertement dans les pierres du manoir, malgré certaines interdictions majeures datant du temps de l'édification, c'est que ce moyen caché, cet arcane majeur nécessaire pour travailler la matière et, d'un corps imparfait faire un produit parfait, s'ouvraient sur l'extraordinaire mutation du « mauvais » en « le meilleur ». Cette transformation transcendante doit passer par l'Homme qui cherche la connaissance pour œuvrer. Il lui faut obtenir *de son vivant* l'illumination « majeure » qui passe par la rencontre de l'Eternité avant toute mort physique. Cela, la maison le dit, mais encore fallait-il pouvoir le lire sur sa façade.

J'étais préparé à recevoir, par la maison philosophale d'Arcy, cette leçon si puissante d'humanisme et de connaissance de l'être dans dépassement de son Moi, pour atteindre la sublime certitude de l'« Infinie Divinité ». Si je puis la dire ici, c'est parce que, par l'acquis de huit années de combat et de guerre secrète au cours du deuxième conflit mondial, je suis un survivant, surnuméraire actuellement. Je dois une partie de mon savoir, non à mon intelligence ou à mon travail, mais au fait que j'ai été à la limite extrême de la vie, près du tunnel du grand passage qu'est la mort. Le temps qu'il me reste maintenant à survivre n'est dû qu'à la décision du « grand horloger » de me donner un répit consacré aux autres. Par ailleurs, j'ai acquis le réflexe — devenu quasi professionnel et qui d'ailleurs n'était qu'un moyen de survie — de *constater l'insolite*. J'ai même subi un entraînement à cette fin et une mise en condition mentale pour acquérir cette faculté particulière. Dans des circonstances où d'autres auraient dû périr, j'ai été sauvé par « l'irrationnel », ce qui m'a permis de l'opposer à la logique méthodique de l'ennemi qui voulait ma destruction physique.

Ce réflexe a été bonifié par mon métier de juriste. Là encore, stockage mémoriel et raison, appliqués au Droit, donnent le diagnostic. De surcroît, cela oblige à n'utiliser que la « preuve », nécessaire pour donner à votre parole ou à vos mots, force de convaincre et faire dire la justice pour la cause que vous défendez. C'est cela qui me fait dire que, dans un texte comme celui qui va suivre, il paraît inutile d'inventer du « merveilleux » ou de « l'imaginaire », alors qu'il est si extraordinaire de pouvoir dire la vérité (telle que vous la percevez de bonne foi). Il ne faut pas qu'un jour, si vous aviez dit une contre-vérité, il puisse se rencontrer dans la foule qui vous écoute, un homme qui « sait » et peut vous traiter de « fabulateur », voire de menteur (selon son degré de politesse).

Un autre des éléments moteurs de la connaissance des pierres de ce CHASTENAY fut pour moi, l'histoire (et le goût que j'en ai depuis toujours), avec comme dérivée la généalogie.

Elle est indispensable pour l'étude de ces hautes époques où l'on changeait trois ou quatre fois de nom dans une vie. Cela aide à la compréhension des figures, du détail architectural, facilite la datation, permettant de saisir les secrets exposés mais non dévoilés. Savoir aussi, matériellement, construire (ce que j'ai déjà fait deux fois et de mes propres mains) une bâtisse permettait d'expliquer ce qui n'aurait pu être dit si l'on n'avait pas connu le geste et la technique du bâtisseur d'hier.

Enfin l'Asie, la guerre de renseignements, et les voyages nécessaires que j'ai dû faire en service commandé durant cette période, (dangereuse peut-être mais si passionnante) m'ont formé et ont permis la rencontre avec des civilisations, des mœurs, des gens, des religions ou des idéaux totalement différents des miens, de ceux de mes racines occidentales. Ainsi, j'ai pu avoir des contacts avec des pensées qui permettent à l'esprit de s'ouvrir « en éventail » pour mieux comprendre l'autre.

Retrouvant donc, par don gratuit du ciel, je le redis encore, un terroir ancestral, inconnu certes, mais qu'il m'a fallu reconnaître et identifier, je me suis vu contraint de remonter à mes racines génétiques, indispensable retour du Passé pour la mise à jour de mon Présent. Si, pour les êtres et les choses, il existe des lois cycliques dans la Nature, de même il y en a pour les hommes qui doivent refaire, eux, les mêmes gestes que leurs prédécesseurs, avec pourtant les outils et les moyens nouveaux que le génie de leurs devanciers a su susciter, avec le progrès matériel et moral dont aujourd'hui nous avons la libre disposition.

L'alchimie, comme le savoir par excellence qu'est la « gnose », étaient deux éléments principaux que me disait le Manoir du Chastenay. Comme cela apportait une connaissance ésotérique et secrète, il me paraissait indispensable d'en faire la révélation à Autrui.

La mienne avait été due à un fait banal. Ma rencontre avec l'Alchimie fut l'achat, par hasard, d'un livre sur cette ancienne science et, comme j'étais passionné d'architecture sacrée par un désir profond du cœur depuis l'enfance, je constatai que le « Triomphe de la Pierre Philosophale » du livre des « Mages et des Sorciers » contenait tous les signes qui se trouvaient sur le porche et les murailles de la maison d'Arcy.

Cette insolite constatation fut, pour moi, le point de départ d'une quête spirituelle « éclatée » dans toutes les directions. Pour savoir faire parler les murs et les signes de la demeure, il m'a paru nécessaire d'approfondir toutes les « initiations » requises puisque j'avais acquis l'ambition, fort audacieuse, d'oser « faire parler les cathédrales ».

J'eus l'obligation, à cause de mes recherches historiques faites systématiquement, de trouver des informations, sur la « Cryptation sacrée » : messages secrets des premiers chrétiens qui expliquent en partie le symbolisme des formes et des figures. Mes sources furent les manuels des officiers de renseignements sur l'histoire du chiffre et de la connaissance des messages occultes.

Qui, aujourd'hui, connaît ces données ? Très peu d'érudits, car les ouvrages qui contiennent de tels renseignements ne sont généralement pas à la disposition du public. Ils sont si rares qu'il faut avoir encore, par un jeu du Destin, la chance de les trouver. On est venu me les apporter à domicile car, il se passe chaque fois que l'on touche à certains domaines, des circonstances si particulières qui font que, lorsque l'on est « en recherches » les choses viennent à vous quand vous en avez besoin ou lorsqu'il est temps que vous « sachiez ». Cela survient, je l'ai constaté, à mon plus grand étonnement, quand on se plonge dans les « mystères » qu'ils soient templiers ou alchimiques, peut-être à cause d'une magie particulière que l'on s'efforce de repousser car, contraire à tout esprit scientifique d'analyse, mais qui se produit malgré toute votre réserve !

Que l'on ne sourie point à ce qui précède ! Je sais, certes, que je ne suis maintenant qu'un très modeste apprenti, pire un amateur qui se veut peut-être « éclairé ». J'ai appris un certain nombre de choses, mais il m'en reste tant à découvrir !

Mon voyage spirituel est celui de tout homme de bonne volonté, qui se trouve à la recherche du « Chemin des étoiles ». C'est la quête du Monde Invisible, de la Divinité (ou de la puissance supérieure pour celui qui ne croit pas en Dieu mais en l'homme). Pourtant si j'ai la chance du don de la foi, je ne méprise pas, bien au contraire, celui qui n'a pas eu cette grâce. L'expérience de l'Extrême-Orient, de l'Afrique, l'étude de l'ésotérisme, des religions et des différentes disciplines qui peuvent en découler, m'ont appris la sagesse, celle surtout de respecter l'autre même s'il affiche un apparent athéisme. Cette recherche de l'Infini et de l'Eternité, si cet autre de bonne foi la fait, il va les rencontrer par un autre moyen, même si son itinéraire passe par l'humanisme. Formulations différentes, même route. Ne disait-on pas au Moyen Age, que « l'homme est le miroir de Dieu » ? Vouloir donc refléter l'éternelle lumière même si l'on ne la possède pas complètement, ou bien si elle est trop faible pour être perçue de celui qui pourtant la porte en lui, n'est-ce pas déjà une « conversion » au sens chrétien de ce terme ?

La description du Manoir du CHASTENAY poursuit un double objectif :
d'une part, transcrire maintenant l'état actuel de ma découverte du langage des pierres, sachant parfaitement qu'elle est incomplète et devra être approfondie,
d'autre part, comme je le fais dans mes « visites-conférences », donner une *première initiation,* et permettre à qui a subi, trop longuement certes, mon verbe et ma passion, de saisir la « Pierre de Touche » que constitue cette demeure-fée et l'utiliser pour reconnaître, ailleurs, l'or des Philosophes et le « langage des murs sacrés ».

Ce livre est aussi un message que je propose à ceux qui « savent » et qui veulent bien me lire (ou m'entendre) pour faire progresser la découverte de ce qui est caché.

Ne sommes-nous pas des « pèlerins d'Eternité » en route pour un périple de beauté et d'infini ? Ne nous faut-il pas un jour, alors que nous ne sommes que des indignes et médiocres mandataires d'un verbe qui nous dépasse, être ce « Pèlerin d'Emmaüs » que l'on reconnaît quand il n'est plus là ? Lui, a su dire à d'autres inconnus les mots et les idées comme les réponses dont tout humain a besoin pour sublimer sa mort et préparer son éternelle résurrection de demain.

A présent, je n'ai que l'ambition de conter l'histoire secrète d'une construction sans perdre toutefois l'espoir qu'à cause de ce récit, je serai peut-être aussi pour quelqu'un un « pèlerin d'Emmaüs » !

CHAPITRE II

A L'ORÉE DU CHEMIN DES ÉTOILES
Présentation du logis

Le manoir du Chastenay (ex-château du Lys), qui est classé Monument historique, est l'une des rares demeures de France à être demeurée depuis 1080 dans le patrimoine héréditaire des descendants du fondateur.

C'est un logis très particulier que certains disent hanté par une « Dame blanche » et où se passeraient des phénomènes qualifiés par certains de « parapsychologiques ».

C'est surtout une maison templière et alchimique, de même qu'un relais pour les pèlerins en route vers Jérusalem ou Compostelle (quand la ville sainte fut tombée aux mains des infidèles).

Entre l'actuel propriétaire qui a entrepris la restauration du manoir depuis 1967 et l'antique bâtisseur Geoffroy ou Gibaud d'Arcy qui vivait en 1080 dans le village dont il portait le nom, il n'y a qu'une trentaine d'ascendants.

Toujours, cette maison a été dévolue par mariage

ou succession et la mère du propriétaire actuel apparaissait dans la lignée. Mais, par le jeu des règles « tacites » des familles anciennes qui imposent que les mâles soient possesseurs des propriétés octroyées au porteur du nom, elle est revenue dans la lignée ancestrale après être passée, par legs, à la femme de son grand-oncle le comte Berger du Sablon, célèbre pour avoir, le premier, entrepris l'exploitation touristique des renommées « grottes d'Arcy ».

La description de la demeure est contée dans le sens de la visite qui a demandé au propriétaire un travail de plusieurs années pour pouvoir interpréter son logis autrement que par les approches habituelles.

CHAPITRE III

LA ROUTE MAGIQUE DU TEMPLE

Magie des nombres
et de la construction ancienne

LA FAÇADE NORD

On commencera la visite par la façade Nord car c'était la partie intérieure de la forteresse. Le périmètre défini par les fortifications constituait l'ultime enceinte de défense. Il existait, en effet, une deuxième enceinte qui a disparu, sauf la base d'une tour arasée qui se trouve de l'autre côté de la grand-rue du hameau le Val Sainte-Marie. Les éléments ont servi, sans doute, à faire les murs du parc comme aussi les murs des maisons paysannes qui entourent le château et qui ont été, avant l'apparition du phyloxéra, les demeures des ouvriers et des paysans, telle la maison dite « Courtenbas » qui fut l'ancienne grange abritant l'immense roue verticale du pressoir à raisin. Tout ceci fut donné (pour loger gratuitement les ouvriers que l'on ne pouvait plus garder) ou vendu. Mais tout le hameau à l'origine dépendait du fief.

Cette façade est particulièrement intéressante car elle contient nombre de détails et fut, pour partie, l'ancien logis à 4 chambres, bâti avant 1349 (date de la tour à six pans qui est plaquée sur une façade antérieure).

Pour certains, elle apparaît « Renaissance » à cause de certains décors. Mais, en fait, nous savons maintenant, par tout ce qui a été découvert depuis 1967, qu'elle était « *Gothique* ». En effet, la plupart de ceux qui disaient qu'elle était de « 1549 » en la vieillissant de 200 ans, ne voyaient que les fenêtres à meneaux (or les meneaux sont utilisés au Moyen Age pour des raisons techniques d'éclairage et de défense) et aussi une ornementation qu'ils attribuaient à cette époque de la Renaissance, c'est-à-dire du XVIe siècle. Le décor d'alors voulait la symétrie et la répétition et ce n'est point le cas de cette maison, on le verra par la suite.

On peut soutenir que la demeure est « Templière » à cause de l'enceinte antérieure à 1349. Vraisemblablement, elle est du XIIe siècle car toute la bâtisse est faite pour assurer la garde avec des armes de jets (arcs, arquebuses mais point d'armes à feu). On constate que la défense en est parfaitement organisée. Tout l'appareillage défensif tend à organiser une protection mutuelle des gardes. Ainsi, chaque tour est édifiée à bonne portée de l'autre, ne nécessitant ainsi, par protection mutuelle des guetteurs, qu'un nombre réduit de soldats (au total : 4 en haut pour surveiller la crête des courtines, 4 au rez-de-chaussée pour garder le bas des douves et empêcher ainsi l'escalade avec des échelles et 2 pour surveiller le pont-levis).

Plusieurs détails nous indiquent le caractère « Templier » :

D'abord la généalogie

Le propriétaire est issu, par les femmes, de la famille d'André de *Montbard*. Ce fut à la fois l'un des fondateurs du Temple détruit par Philippe Le Bel de sinistre façon comme aussi l'un des Grand-Maîtres. Il était l'oncle de saint Bernard qui prêcha la Croisade à Vézelay (où les enfants des seigneurs d'Arcy furent des abbés) et qui donna sa règle à l'Ordre templier laquelle fut approuvée par le pape et le concile de Troyes. On y trouve aussi la famille de Craon qui devint le successeur immédiat d'Hugues de Payns, le créateur de l'Institution.

Nous savons par les documents que les seigneurs d'Arcy furent à l'origine de nombre de commanderies templières de la région. On pense qu'après une occupation templière (suite du don sous condition exclusive au Temple), il y eut révocation de la donation et retour chez les descendants du donateur.

Un autre élément « Templier » est le site

Nous sommes, sur l'emplacement du Manoir, non pas à Arcy-sur-Cure, mais dans un hameau dit « Le Val Sainte-Marie (le val ici ne voulant pas désigner un creux) — on est sur une crête — mais le « château » (de l'ancien français, Vault ou Vaux, terme que l'on retrouve d'ailleurs en autres endroits de la Bourgogne et des Flandres). C'est donc un endroit consacré à la Vierge-Mère. Le nom de la demeure est bien significatif aussi car elle ne s'appelait pas le « CHASTENAY » (qui était l'arbre sous lequel on faisait autrefois les plaids et où l'on rendait la justice ambulante), mais « CHATEAU du LYS » (le lys étant la fleur symbolisant la pureté de la Vierge Sainte). Les Templiers avaient pour elle une vénération particulière et se mettaient toujours sous sa protection ; l'Ordre du Temple portait le blanc manteau, symbole de la pureté de Marie.

Un troisième élément « Templier » est la forme extérieure du Manoir

Il est carré avec quatre tours rondes à chaque angle.

Ce n'est point hasard ou nécessité guerrière, mais une expression de la symbolique religieuse de cette chevalerie templière. Toutes les forteresses de l'Ordre avaient ce plan carré avec, au centre, un grand bâtiment à 4 chambres, plus de chaque côté, des bâtiments annexes et aussi une chapelle (disparue sous la réforme à Arcy et dont on parlera quand on verra le porche).

La forme carrée est une figure « magique ». Tels sont en Chine le Palais de l'Empereur à Pékin ou, en Extrême-Orient et aux Indes, le mandala (très utilisé par les Tibétains) : tous sont la représentation de l'univers avec l'homme présent dans ce monde. C'est une enceinte « ésotérique » pour attirer les forces de l'Au-delà (le ciel pour les Templiers). Chaque côté est parfaitement orienté et donne le point cardinal qui le détermine.

Pour les Templiers, dont la finalité suprême était le Paradis, et, pour ceux qui sont les disciples du surnaturel qu'ils peuvent aborder dans les écrits de saint Jean l'Evangéliste. C'est la représentation de la « Jérusalem Céleste » telle que l'apôtre l'a décrite dans son livre prophétique, l'Apocalypse, où il dit notamment : « J'ai vu descendre du Ciel une cité de lumière faite d'un château-fort carré avec 4 tours d'Or. » Le Moyen Age la représentera sous une forme identique à ce Manoir d'Arcy.

Sur le plan Chrétien et symbolique, le carré est aussi la représentation de l'Evangile avec ses quatre auteurs, comme aussi des quatre saisons nécessaires à l'élaboration alchimique ou des quatre éléments constitutifs de la matière.

Comme tous les édifices du Moyen Age, la maison est parfaitement orientée. Cette situation est obtenue préalablement à la construction par une visée d'étoiles. C'est cette précision astronomique qui donne cette façade assez extraordinaire faite pour recevoir à la fois les rayons du soleil levant comme ceux du couchant.

Quand nous parlons de la maison et de son corps de logis, nous faisons totalement abstraction du pavillon du XVIIIe siècle qui y est accolé et dont on possède les plans. Il a été surajouté lors de la construction du Nouveau Château d'Arcy. Ce dernier qui, en plus de la maison-forte du XIVe siècle, possède une demeure classique faite par un Cullon (issu aussi de l'hérédité de Gibaud d'Arcy) mais surtout vendue à un intendant que la guerre d'Amérique avait rendu riche : La Bourdonnais-Blossac. Ce pavillon, qui était de son époque, a été restauré par Viollet-le-Duc qui a tout modifié, croyant la demeure « Renaissance », et adapté, d'une mauvaise copie, les croisées Louis XVI, en ouvertures de ce type. Le toit de tuiles, harmonieux, a été remplacé par un toit d'ardoises qui jure tant par sa couleur que sa forme car, les pièces annexes s'étant écroulées, il a fallu trouver des chambres de service dans les combles.

Le corps du logis ancien (et classé) du Chastenay a une forme rectangulaire. En symbolique, le rectangle (ou carré long, voire « doré ») signifie l'homme. Ainsi, il sera présent dans cet univers du Moyen Age, où, rappelons-le, on croyait que le monde était comme une assiette plate surmontée d'un dôme de cristal sur lequel étaient accrochées les planètes et les étoiles. Si l'Homme est présent dans le Cosmos, il faut pourtant, pour lui donner limites et protection, en définir les frontières : Ce seront les murailles protectrices de l'enceinte. Le rectangle sera la forme de l'église car elle représente le Dieu humanisé (pour périr et sauver les hommes) sacrifié sur la Croix. Dans la symbolique des rêves, on trouvera le même sens et le rectangle sera la maison comme l'homme.

D'ailleurs, cette signification s'inscrit dans le contexte mathématique qui sera celui du Manoir. Nous nous trouvons devant un rectangle qui est « d'Or », c'est-à-dire que l'un de ses côtés a une proportion de 1 alors que l'autre a celle de 1,618 (le nombre d'or qui est la fraction résultant de la division obtenue par le segment d'une droite, le plus petit sur le plus grand, donnant la formule mathématique $\frac{1 + \sqrt{5}}{2} = 1{,}618$).

Si, comme le savant Chanoine Ledit (*A l'Orient de France*), on prend comme canon du corps, « l'Homme grec » et la statue si belle de Zeus, c'est une proportion dorée qui s'en dégage, proportion dorée qui nous donnera ($\frac{1 - \sqrt{5}}{2} = 0{,}618$ étant la section d'or) une équivalence mathématique soit : $0{,}618/1 = 1/1{,}618$ ou encore $0{,}618 \times 1{,}618 = 1 \times 1$.

Il paraît donc logique, dans la symbolique pythagoricienne du logis, de dire que ce dernier est bien, sur le plan du nombre harmonique, une représentation de l'être masculin.

Mais si l'homme est incarné dans cette figuration abstraite, symbolique, de l'univers terrestre, il est nécessaire d'y ajouter la présence de Dieu. C'est la tour centrale de la façade qui nous offre cette symbolique. On notera qu'il y a — comme pour le cœur de l'homme se situant dans la partie gauche de son thorax — un décalage de la tourelle dans ce sens : elle est, en effet, décalée vers la gauche alors qu'elle semble occuper le milieu de l'édifice.

Cette tour, « pour nous donner Dieu », est à six pans et sa toiture est pyramidale car nous sommes face à une demeure « civile ». Si l'édifice était religieux, on aurait utilisé comme plan de base l'octogone. Ce dernier est, dans l'édification d'un clocher d'un temple chrétien, le nécessaire « 8 » signifiant Jésus médiateur entre l'Univers des hommes (le carré de la base) et « Dieu l'Unique » (sommet et terminaison vers le ciel de forme issue de l'octogone et projetée vers le ciel).

Cette pyramide de tuiles était destinée à être à la fois le pivot du monde et du ciel, identique aux flèches d'une sublime Cathédrale, ayant pour effet de capter la force cosmique venue des espaces célestes et la conduire à l'intérieur de l'édifice afin que l'homme puisse en bénéficier et y trouver l'état de « Bonheur ».

L'hexagramme de base a deux significations majeures. C'est, d'abord, un symbole du Divin car si l'on relie les brisures entre elles, on obtient une étoile à six pointes. C'est l'étoile de David (qui figure sur le drapeau de l'Etat juif), dite encore le « sceau de Salomon » ou « pentacle » protecteur contre les forces du mal et représentation graphique de Jéhovah, le Dieu unique. Cette figure est utilisée en magie blanche pour faire des amulettes ou des invocations. Le cercle où s'inscrit cet hexagone, qui est aussi considéré comme « magique », donne les signes quasi runiques des charpentiers, rassemblés dans le symbole que l'on appelle « la pendule à Salomon » et qui servent, même aujourd'hui, pour marquer toute charpente au sol avant sa pose sur les murs de pierre.

Cette étoile à six branches (occultée mais présente) indique aussi aux adeptes de la science alchimique qu'on a trouvé, à l'intérieur du logis, « l'Or des philosophes », différent de l'or-matière.

Formée de deux triangles qui s'interpénètrent, l'étoile à six branches est un des symboles majeurs de l'alchimie. L'opérateur qui « taquine » cette science l'utilise pour dire qu'il possède la pierre philosophale, car ce sera par la combinaison des quatre éléments classiques que se révélera l'ensemble de ceux formant l'univers : synthèse de l'unité cosmique !

On retrouve, dans ce signe, le fameux « septenaire », clé du comptage, des métaux de base comme des planètes, comme de tout ce qui sera nécessaire pour saisir les éléments extérieurs à l'homme ou à la matière et pour les concentrer dans une « opération solaire « intime », d'où proviendra « l'Or spirituel » que dégage toute alchimie.

Avant de clore cet itinéraire templier, il faut préciser que l'orientation du Manoir fut déterminée en fonction de visées astronomiques. Pas question de bâtir n'importe comment avant de former le fameux rectangle du logis central, on avait pris des repères dans le ciel (que l'on retrouvera plus loin dans l'étude de la façade). Une fois l'axe directeur tracé, on a monté, au centre, une perpendiculaire, puis on a construit sur la croix ainsi formée, le rectangle « doré » représentatif de l'homme.

Il faut que tout l'édifice puisse se lire « zodiacalement » pour que toutes les forces cosmiques des diverses périodes, que ce soient des jours, des années ou des cycles des astres, puissent se ressentir dans la maison et favoriser l'évolution harmonieuse de l'homme qui y réside.

Toute construction templière se présente ainsi, de même que furent édifiés par de semblables techniques les temples chrétiens. Quand on connaît bien les édifices érigés par le Temple ou bien ceux auxquels cet ordre participait, ne serait-ce que par une garantie de l'Ouvrage (par exemple les flèches des cathédrales), on trouve, aux endroits prévus, les signes qui doivent s'y placer, si l'Ordre est réellement à l'origine de la construction.

Si les cathédrales n'ont pu être totalement terminées comme l'avait prévu leur Maître d'œuvre, c'est pour une raison économique. Pour édifier l'ouvrage sublime, Maison de Dieu et de tout le peuple Chrétien — ce qui justifie la majesté de leur taille — il fallait de l'argent.

Comme aujourd'hui, c'étaient les utilisateurs qui étaient mis à contribution donnant leur or, voire leur travail. Mais, même si la main-d'œuvre était gratuite, il fallait régler les matériaux, les ouvriers aussi (car leur travail était garant de leur survie). Il y avait donc obligation de collecter les fonds, quelquefois de les avancer, pour que l'ouvrage ne soit pas interrompu. Ce sont ces banquiers que furent les Templiers qui s'occupent de l'opération financière.

Ils prêtent, car ils sont sûrs que les sommes nécessaires seront utilisées à bon escient puis remboursées, exactement comme les prêteurs d'argent pour les « chantiers du Cardinal », à Paris. Ce dernier pourra emprunter aux banques, uniquement parce que les fidèles du diocèse de Paris avaient souscrit un engagement quinquennal de verser chaque année un don avec un « carnet de bâtisseur ». Par cette méthode de l'engagement, écrit et non chiffré pourtant, furent construites, au XXe siècle, nombre d'églises de banlieue dans des villes nouvelles où elles faisaient défaut. La technique financière d'aujourd'hui rejoint celle d'hier, au moins pour les églises !

En ce qui concerne la disparition des flèches gothiques, liée à celle du Temple, on est confronté à un véritable problème de « sécurité sociale » avant la lettre. En effet, il faut songer que l'édification de ces clochers, sublimes par leur pente et leur hauteur, exigeait des bâtisseurs une considérable prise de risques. Les compagnons, pour assembler avec une extrême précision les pierres les composant, devaient jouer avec le vertige. Les échafaudages, compte tenu de la hauteur, ne supprimaient pas le danger. Ces hommes, pour édifier la demeure divine, acceptaient le risque inhérent à leur profession, mais ne manquaient pas de se faire bien payer car ils faisaient œuvre de spécialistes hautement qualifiés. De plus, il était impossible, quand la tour était commencée, d'interrompre le chantier, faute d'argent pour payer hommes ou matériaux, la pyramide de pierre ne pouvant rester exposée aux intempéries. Aussi, quand on atteignait le stade du clocher, l'établissement financier constitué par le Temple garantissait la fourniture des fonds pour les matériaux et le règlement des ouvriers. Mieux, si l'argent manquait dans le trésor du chapitre, les Templiers palliaient cette absence. Surtout, ils donnaient aux bâtisseurs la certitude qu'ils seraient payés au fur et à mesure de la montée de l'Ouvrage et aussi les garantissaient contre les possibilités de risques d'accident corporel, payant à la « Loge » (sise généralement dans la partie Nord) les salaires des invalides ou l'entretien des veuves et des orphelins des artisans ayant péri des suites d'un accident du travail.

Le Temple détruit, ces garanties disparurent. Les Compagnons, que l'on appelait parfois des « singes » en raison de leur habileté à monter dans les hauteurs, allèrent ailleurs, là où existait cette garantie de travail correctement rémunérée qui n'existait plus en France. Voilà la raison rarement évoquée qui explique le non-achèvement des cathédrales.

Nous avons dit qu'avec ce voyage au Chastenay, nous profitions de l'occasion pour offrir, sans nulle prétention, une « leçon de cathédrale ». C'est pourquoi nous ne pouvions passer sous silence cette donnée économique, car on a trop négligé, à propos du Moyen Age, les facteurs pécuniaires. Une fois maîtrisées les techniques mathématiques et géométriques, les sciences du Nombre, se produit une évolution de l'architecture sacrée qui passe du Roman au Gothique. Mais à cette évolution du « savoir de bâtir » s'ajoute un problème de coût.

Avec la construction en armature, la taille des pierres en carrière, les économies de transport en résultant et la possession de l'art du vitrail, on pourra, avec une somme d'argent équivalente au coût de l'église romane, édifier des temples de largeur, hauteur et grandeur beaucoup plus considérables que dans la période romane.

Pour décrire le Chastenay, il était nécessaire de connaître les données d'édification architecturale et ces moyens de tracés, souvent simples, qui enseignent, par une transmission occulte, des règles si nécessaires aux entrepreneurs, règles que l'on peut qualifier de « mystères compagnonniques ».

Il faut, à ce point du chemin, aborder l'étape de l'itinéraire spirituel qui passe par l'Alchimie et la connaissance des Nombres, issue, elle aussi, des Arcanes pythagoriciens.

CHAPITRE IV

LE TRAJET DES NOMBRES ET DES BATISSEURS

Symbolique des nombres et de la construction

Pourquoi l'utilisation des Nombres ? C'est que la demeure du Chastenay est alchimique. Là séjourna un initié, Jean du Lys, qui est d'ailleurs représenté au fronton du portail de cette tour centrale, à six pans, dite « Tour de Saint-Jean ».

Rasé comme un clerc, il arbore, tel « l'adepte » de la Pierre philosophale, le collier d'or solaire montrant que, pareil à Jason, il a trouvé la fameuse « Toison d'Or » des travaux d'Hercule au nombre de douze (comme les maisons du zodiaque) et sous la symbolique desquels on « camouflait » des opérations alchimiques au Moyen Age.

Qui était Jean du Lys, qui a d'ailleurs donné son nom à l'une des voies du pays d'Arcy conduisant à Vézelay, via Bois-d'Arcy et Asquins pour se terminer à Compostelle ?

Jean du Lys appartenait, par alliance, à la famille ducale bourguignonne, était d'origine nivernaise. Il est venu à Arcy par le fait de son mariage, ayant épousé la fille d'Etienne d'Arcy pour laquelle son père, afin de la doter, avait séparé le fief en deux justices. On sait aujourd'hui que les ducs de cette province taquinaient la « Pierre Philosophale ». La fameuse « Toison d'Or », créée par eux, est, en fait, un ordre « initiatique » alchimique.

Il paraît donc normal qu'avant cette création, purement bourguignonne, d'un Ordre prestigieux, les seigneurs de la Cour du Duc, « initiés » comme leur suzerain, aient été animés du même esprit de recherche philosophale et aient, sur leurs maisons, exhibé les symboles et les signes de la pratique de l'alchimie, ce qui est le cas du Chastenay. Précisons que la distinction conférée par les maisons des Bourbons d'Espagne ou des empereurs autrichiens (héritiers des anciens ducs après l'annexion française qui a rattaché le duché semi-indépendant à la couronne) n'est qu'une possession viagère. Si elle vous est remise à titre personnel, elle ne vous appartient point, et, après votre trépas, vos héritiers doivent faire retour de la décoration à la chancellerie qui vous l'a décernée. On ne trouve donc pratiquement pas, dans les ventes, de Toison d'Or en raison de ce particularisme de la décoration qui montre bien son caractère initiatique.

Indépendamment de la maison que l'on expliquera par l'Hermétisme, on possède une quasi-certitude historique à propos de l'existence de ces arcanes philosophales puisque le Maître de maison qui éleva en 1349 la tour et voulut s'y faire figurer, a mis à ses côtés son notaire-juré, Jean Flamel. Ce dernier était le frère de Nicolas Flamel, le faiseur d'Or bien connu qui en sut les secrets par un voyage à Compostelle, déchiffrant le « livre de l'Ange ». Il nous laissa un traité d'alchimie ainsi qu'un message de pierre sur Notre-Dame de la Boucherie (lieu de départ des pèlerins compostellans qui utilisaient le Chastenay comme étape avant le rassemblement de Vézelay où, en groupe, on gagnait l'Espagne). On trouvera encore sur la tombe de Nicolas, les trois personnages qui apparaissent au-dessus de l'entrée de la tour Saint-Jean.

Mais à force de conter ceci, le propriétaire est venu à se demander si le véritable alchimiste n'était pas son frère *Jean*. En effet, si l'on connaît bien l'auteur d'un texte sur cette science, jamais on n'a retrouvé dans la demeure de Nicolas Flamel, sise au 51 rue de Montmorency, le moindre laboratoire. Aucune tradition ne précise qu'il en existait un. La richesse de l'auteur du livre d'alchimie serait peut-être le simple résultat d'un succès d'édition (puisqu'il était un libraire juré), comparable à celui, aujourd'hui, de la publication d'un essai sur les prédictions de Nostradamus (1). Elle ne devait peut-être rien, cette fabuleuse fortune, à la pratique de l'alchimie et à la fabrication de l'or philosophal !

Le vrai praticien serait Jean qui, lui, savait la technique de la réalisation de la pierre (dans le laboratoire du sommet de la Tour). Il l'aurait communiquée à Nicolas qui en avait rédigé le mode d'emploi, recherché par tous ceux qui espéraient le bien-être matériel ou la connaissance du moyen d'obtenir une vie infinie, d'où la richesse de l'Editeur.

Hypothèse certes, mais à première vue non impossible puisque le Manoir était un relais de pèlerins compostellans. Nicolas dut prendre un tel chemin pour aller acquérir son savoir alchimique.

(1) N.d.E. : il s'agit du livre de J.-C. de Fontbrune, *Nostradamus historien et prophète*, collection Documents Rocher, Editions du Rocher.

De plus, la maison de Nicolas Flamel était appelée, comme le Chastenay, « Maison du Lys » !

Avant de décrire la « pierre philosophale » et de montrer de quelle manière elle est présente sur la maison, il paraît indispensable d'analyser les techniques « templières » qui présidèrent à la construction du corps central du logis.

Comme on l'a déjà remarqué, on est en présence d'une orientation extrêmement précise, héritage des connaissances templières, mais aussi d'une modulation mathématique qui régit l'édifice. Les règles de construction étaient, certes, un héritage occulte du Temple, mais prolongeaient aussi des traditions dues à Pythagore, aux Phéniciens, bâtisseurs du temple de Jérusalem ou aux Egyptiens antiques, traditions dont une grande partie fut transmise oralement. C'est la vraie science des bâtisseurs qui procura à des initiés ce qui leur permit d'édifier tout ce qui est beau dans l'esprit comme dans la forme, et particulièrement églises et cathédrales où, pour la gloire de Dieu, on offrit « le meilleur ».

Pourquoi l'enseignement de Pythagore fut-il utilisé pour la construction d'édifices sacrés ? Parce qu'il est le père de la géométrie et de l'étude philosophique des Nombres. Il ne faut pas oublier que ce savant grec, né au VIe siècle avant J.-C., avait fait de ses connaissances numériques une religion quasi initiatique au point qu'Hiéroclès, son disciple, disait que son maître affirmait : « Dieu, c'est le Nombre des nombres... et l'intervalle fini du nombre, c'est le 10 », préfigurant l'invention du système décimal qui, avec la virgule, ne sera connu qu'au XVIe siècle grâce à la série de Fibonaci.

De son enseignement secret, recueilli pendant ses séjours en Egypte où il vécut quinze ans, notamment à Alexandrie, pour se perfectionner dans l'art des Maîtres d'Œuvre égyptiens, est issue une tradition géométrique donnant à la forme et au nombre une signification sacrée. Cette symbolique sera utilisée pour l'édification des œuvres du Haut Moyen Age, même si l'on veut louer ainsi le Christ.

Mais ceux qui, à l'insu des clercs chrétiens, utilisent les connaissances symboliques, ne les divulguent pas. On ne peut, dans un climat où la religion chrétienne est un instrument de combat contre le paganisme encore latent, se prévaloir des enseignements ésotériques d'un païen, fut-il génial. Aussi ces « compagnons du Devoir de Jérusalem » qui font remonter la fondation de leur coterie à 590 ans avant le Christ, diront-ils, qu'ils suivent les enseignements de la Bible, faisant notamment référence au chapitre de la construction du temple de Salomon. Mais ils ne préciseront pas que l'architecte, Hiram, était un Phénicien et avait, comme Pythagore, appris sa science architecturale, auprès des Maîtres égyptiens. On comprend donc pourquoi l'enseignement compagnonnique est transmis dans le plus grand secret et, malgré le caractère religieux chrétien (les trois points signifient Jésus, Marie, Joseph) on se défendra des intrusions des prêtres catholiques qui ne voudront pas trop approfondir les secrets des œuvrants, car ils ont besoin d'eux pour conserver intacte la maison de Dieu.

Toute la maison d'Arcy est régie par ces règles mystérieuses qui sont d'abord *mathématiques*. Il faut remarquer que le logis ancien est placé dans un carré (toiture et bâtiment) parfait, la diagonale dudit carré donnant exactement la hauteur de la tour centrale, au centimètre près.

Mais ce carré qui passe par le toit et les murs,

lui, peut être inscrit dans un cercle, lequel atteindra le sommet de la tour. Comme on le constate sur le plan de l'architecte des Monuments historiques, il devrait arriver à la profondeur du niveau le plus bas du cellier sous la maison.

Bien que la tour soit décalée sur le côté, il est difficile de comprendre, par quel miracle géométrique de construction, que le centre du cercle déterminé par le croisement des deux diagonales du carré inscrit puisse arriver exactement au milieu de la tourelle à six pans et au-dessus de la fenêtre centrale de cette tour.

Avec le sommet de cette dernière et les deux bases du bas du bâtiment, on forme aussi un triangle isocèle inscrit.

La somme des trois figures géométriques en donne une autre très caractéristique : celle de la Gnose ou connaissance ésotérique. Michel Maïer, alchimiste, écrit : « Prends un homme et une femme, place-les dans un cercle, un carré et un triangle et tu obtiendras la Pierre ! (sous entendu philosophale). » Nous montrons ailleurs que le couple et la géométrie sacrée sont indispensables pour obtenir ce résultat. On retrouve d'ailleurs un « nombre d'Or » identique à celui qui régit le corps humain quand on superpose, en fraction, la hauteur du toit et celle de la muraille : toit sur muraille = 1,618.

Rien, dans cette demeure, n'a été construit pour « faire joli ». La forme n'est belle que parce que mathématique et calculée. On a tout chiffré et tout mesuré. Rien n'est laissé au hasard, tout possède une raison cachée. L'image est destinée à transmettre un « message », à l'aide de cet « aide-mémoire » de pierre.

Après la visée d'étoiles, indispensable pour tracer

les axes directeurs et cosmiques, on va, pour déterminer la forme et le volume, utiliser trois harmoniques : le nombre d'or, qui est égal à $\frac{1 + \sqrt{5}}{2}$ et sa section d'or qui est l'inverse, enfin la proportion dorée égale à la composante circulaire « phi » (3 1416).

On peut donc à cause de cette construction numérique, savoir la taille de l'architecte car c'est là une donnée, simple, comme toutes les solutions du Moyen Age. On détermine un angle isocèle en prenant le sommet de la tour et les extrémités sur le sol du bâtiment ; on mesure cet angle et (avec une formule relativement facile où sont utilisés le nombre d'or et les composantes des tables harmoniques), on obtient l'élévation du Maître d'Œuvre. Cela ressemble au fameux problème dont l'énoncé est « trouver l'âge du capitaine par la connaissance de la hauteur du mât et du volume du navire comme de la grandeur du beaupré », mais cela fonctionne ainsi !

Cette technique de référence humaine s'explique car, dans ces temps anciens, on ne pouvait faire des plans (et surtout en donner des reproductions aux entrepreneurs) ; ils risquaient, compte tenu du temps nécessaire à la construction qui s'étalait souvent sur une longue période (quelque deux cents ans pour certaines cathédrales, voire davantage comme à Troyes où il en fallut quatre cents) d'être perdus. D'autre part, en tenant compte de la brièveté de sa vie comme de celle de ses contemporains, l'architecte savait qu'il mourrait probablement sans avoir fini son ouvrage. Il faudrait qu'un autre, sinon plusieurs collègues, puisse l'achever.

Aussi l'homme de l'Art, ayant préalablement établi une esquisse, se fondait sur une référence qui serait toujours utilisée quels que soient la date de la construction et son style. Même si elle était momentanément perdue, elle devait être retrouvée par la mesure de l'œuvre commencée. A tout moment, on pourrait donc suppléer le Maître d'Œuvre que la mort ou la maladie écartaient du chantier. Le procédé était le suivant : il posait son coude sur une table, mains pliées en équerre, pour permettre la mesure de l'os de l'avant-bras que l'on prenait alors exactement. Ensuite, on reportait cette mesure sur une canne-étalon qui donnait six fois cette « coudée » : c'était la règle dite « La Pige ». (« Avoir pigé », qui est passé dans l'argot, c'est avoir mesuré, donc compris !) Avec la règle comme base, on employait un cordeau, noué aux extrémités, long de douze coudées (soit deux fois cette « pige ») et, avec lui, on faisait un carré, un rectangle et un cercle (représentés au milieu des lucarnes de droite et de gauche comme entourant aussi les figures placées sous les allèges), dont le périmètre était ce cordeau. Le rectangle présentait la propriété d'être divisible par une diagonale laquelle comprenait 5 coudées. Le grand côté 4 et le petit côté 3 (c'est le triangle dit de Pythagore, issu de sa Tetraktys — suite de nombres se suivant —, dit aussi « égyptien » car, en Egypte où vécut 15 ans Pythagore, cette hypothénuse était constituée par la momie du Pharaon). La table carrée servait à faire un carroyage qui permettait, comme les autres tables, de faire des modèles des éléments de la construction grandeur nature, lesquels serviront dans les carrières à tailler les pierres (pour faire des économies de transport). En utilisant ces trois composantes dans toutes les parties de la bâtisse, cette dernière ne peut être qu'harmonique et harmonieuse. Le carroyage est dit aussi le damier mosaïque (à cause de Moïse). Il sert (à défaut du « boulier compteur » des Compagnons) d'abaque pour chiffrer, avec ce comptage à jetons qui fut utilisé jusqu'à la Révolution française et qui permettait de faire très rapidement toutes les opérations y compris même l'extraction des racines carrées.

Ce comptage à jetons utilise le fameux septénaire de Pythagore qui, en même temps que la géométrie, nous a appris l'arithmétique et nous a donné le moyen de compter.

Au Moyen Age, ce mode de comptage était réputé « magique », puisqu'il permettait à des individus ne sachant ni lire, ni écrire, ni même dessiner un chiffre arabe ou romain, de faire parfaitement toutes les opérations nécessaires pour les calculs exigés sur les chantiers de construction. Les édifices ne seront beaux, en effet, que s'ils sont des créations mathématiquement et géométriquement justes. « Le beau est sublime parce que mathématique », proclament les anciens chefs-d'œuvre.

La Pige est une règle toujours présente de nos jours entre les mains des typographes, des métallurgistes ou encore des ébénistes. « Pige » est aussi passée dans la langue des électriciens qui, en calculant une mesure de courant, « font une pige ». Mesurer un arbre, en Arcy, se dit « piger l'arbre », parce qu'on utilisera pour connaître sa hauteur, une règle tenue en équerre. Par une opération trigonométrique, on obtiendra le résultat sans avoir à gravir l'arbre.

Dans le comptage à jetons, on place la pige sur le sol, à défaut de règle car, au Moyen Age, on fait tout avec le compas, remplacé parfois par un cordeau et par la canne des Compagnons (la verge d'Aaron). On tire un trait sur le sol. Sur une ligne, on place d'abord sept jetons (ou des pierres si l'on n'en dispose pas). On écrira alors les chiffres en disant que 10 est représenté par une pierre en haut et 5 pierres en bas. La rangée suivante sera celle des dizaines, la marque du haut valant 50 et celle du bas 10. La colonne suivante sera celle des centaines, avec le même principe qui consiste à avoir en haut des multiples de 500 et en bas de 100 et ainsi de suite à l'infini.

Pour donner un exemple, 6.954 peut s'écrire avec le comptage à jetons de la façon suivante :

4	5	9	6
	o	o	o
o		o	o
o		o	
o		o	
o		o	

Il faut, certes, inverser les chiffres car on ne peut placer de virgule comme dans le système décimal et, d'autre part, il faut utiliser soit le carré mosaïque comme abaque, soit un boulier *identique au boulier chinois,* avec des perles enfilées sur des tiges et avec deux boules en haut et cinq boules en bas séparées par une règle de bois. On utilise les trois doigts de la main droite pour soulever les boules et marquer les chiffres. C'est la technique numérique dont se servent Chinois et Japonais. Leur pratique de cet « art » est si exceptionnelle et si usuelle dans ces pays que, parfois au Japon, on vous vendra une machine à calculer électronique et on en calculera le coût au prix du change en faisant l'opération avec le boulier, car on va plus vite qu'avec la machine moderne. L'usage d'une telle méthode explique que le Christ, dans l'iconographie des cathédrales, a souvent les trois doigts tendus pour signifier, certes, la Trinité, mais aussi pour rappeler un principe de l'arithmétique des bâtisseurs.

C'est aussi pour nous apprendre la géométrie, c'est-à-dire le trait des Compagnons, qu'il tient le livre ouvert. Ce livre, qui est l'Evangile des Chrétiens, est aussi celui de la Connaissance : il fallait apprendre par cœur les problèmes de la géométrie dans l'espace comme ceux de la géométrie plane, sous forme de petites chansons. On chantait, par exemple, la fameuse démonstration selon laquelle le carré de l'hypothénuse est égal à la somme des carrés des deux autres côtés, démonstration nécessaire pour trouver un des éléments du triangle rectangle pythagoricien formé de la série 5, 4, 3 = 12 qui, chez Pythagore, est le symbole de la quatrième dimension, c'est-à-dire l'Eternité.

Pour le Moyen Age, comme pour la symbolique universelle, sept est un nombre clé. Unique de son espèce, non divisible. Dans son livre, *l'Univers inconnu du tarot* (Editions du Rocher), Robert Grand dit du sept : « C'est le nombre magique possédant un pouvoir, c'est, entre autres, la totalité humaine puisque 4 + 3 = mâle + femelle = 7. C'est la clé du culte d'Apollon. On ajoute un point à l'hexagramme étoile pour représenter ce qui est triomphe, accomplissement. » Le sept sera aussi le nombre des piliers de la Sagesse, puisque le temple en fait « l'homme nouveau » : carré de la base (quatre) formant l'univers plat de l'humanité, puis triangle superposé (trois) engendré par un carré formé des diagonales. Quand on trace cette figure, on constate que l'on obtient d'abord six triangles égaux, puis, en coupant les points de rencontre par des diagonales, on a seize triangles plus petits dont la somme redonne le sept du départ. C'est la figure dite « cabane du cantonnier » qui régit le fameux toit compagnonnique à quatre-vingt-dix degrés, représentation en plan de la « pierre rectifiée » (cube + pyramide de Chéops). Rappelons-nous que Ptah, le dieu de Memphis, a dit : « si tu es un sage, construis une maison (qui, c'est sous-entendu, doit avoir comme un toit de forme pyramidale puisque cette dernière produira des effets étonnants tels que, par exemple, la mutation de certains métaux, voire l'arrêt de la putréfaction de la chair, ou bien encore des effets cosmiques). Cet été 1981, un savant du CERN de Genève, venu à Arcy pour visiter le manoir, nous a confié que le septénaire des Anciens était utilisé par les atomistes pour percer les secrets de la matière, imitant en cela les alchimistes d'hier et les bâtisseurs de cathédrales. Luc n'a-t-il point écrit : « que l'esprit se corrompe, le chiffre sept le signalera encore malgré son intégrale perversité » ? (*Luc* II, 24). Le chanoine Ledit précise que le dé à six faces nous donne, avec 2 faces opposées, toujours 7 (1 + 6, 2 + 5, 3 + 4 = 21). Au 421 que l'on joue avec 21 jetons, les 3 faces qui vous feront gagner totalisent aussi 7 (4 + 2 + 1). Pythagore expliquait à ses élèves que, dans sa décade née du 4, on découvrait la vertu et la perfection du 10 et que le 4 était un milieu arithmétique entre le un et le

7 car surpassant le un du nombre dont il est surpassé par le 7 c'est-à-dire de trois (1 + 2 + 3 + 4 = 10 première Tetraktys) : donc le « 7 est vierge », il n'engendre pas et n'est créé par aucun autre ! Notons, au passage, que l'harmonique du sept est indispensable en musique.

On découvre la symbolique du sept dans la description du Grand Œuvre alchimique, telle qu'elle est donnée par la position des fenêtres du Chastenay, de même que les Tetraktys de Pythagore inscrites dans la cryptation des messages de pierre.

On ne peut, sur ce chemin des mystères des nombres et des secrets templiers, omettre d'autres faits étonnants.

Indépendamment de sa construction mathématique, la maison présente une *situation particulière liée à des phénomènes telluriques et électriques*. Arcy-sur-Cure, et principalement Le Chastenay, se trouvent sur une ligne de faille qui forme la limite entre le Morvan granitique et l'Auxerrois crétacé. Cette veine tellurique, où l'influence du sol est particulièrement importante, avait pour effet de conduire à l'intérieur de l'édifice les forces venues de la terre. Comme dans les Temples chinois, captant aussi par la pyramide du toit de la tour les puissances cosmiques, on les faisait se rencontrer avec celles issues du sol afin d'y réaliser, aussi bien pour les habitants que pour favoriser les manipulations alchimiques. On utilisait une opposition harmonieuse, positive et négative à la fois, telle la dualité Yin-Yang des Chinois.

Cette position particulière a aussi une cause « *électrique* ». Elle a déterminé, au Moyen Age, l'emplacement de toute église comme de tout bâtiment important exposé aux effets de l'électricité atmosphérique. On savait se protéger des conséquences de la foudre. Aussi l'édifice sera-t-il bâti, outre les exigences de la position tellurique, sur un courant d'eau. Ce sera une « mise à la terre » aujourd'hui utilisée journellement pour éviter l'électrocution des usagers de l'appareillage électrique sous tension. L'éclair ne tombait pas sur la flèche ou sur le haut du toit à cause de cette « mise à la terre » de l'édifice. Par mesure de précaution, pour éviter la décharge sèche de l'orage, on plantait, tout autour de la demeure, des arbres bons conducteurs du courant (ormes, frênes, noyers, voire chênes) car on savait déterminer le champ électrique protecteur de la foudre. Point n'était besoin de paratonnerre (inventé au XVIIIe siècle par Franklin) : la maison n'en a cure car elle se protège elle-même !

L'utilisation des arbres comme capteurs de foudre est fort ancienne, à tel point qu'un célèbre dicton populaire a sûrement une origine scientifique : ne dit-on pas, en effet, que ce soit en Normandie, en Bourgogne ou encore en Provence que « l'ombre du noyer est mortelle » ? Se réfugier pendant un orage sous un arbre de cette espèce, c'est prendre le risque d'être foudroyé car sa racine pivotante va jusqu'à 15 mètres chercher l'eau dans le sol, offrant ainsi la possibilité de captage, même sans pluie, d'une décharge avec formation d'arc le long du conducteur car le courant passe parfaitement dans sa fibre.

Sécurité donc que ces arbres plantés autour de la bâtisse !

On comprend donc pourquoi des cathédrales ont brûlé, car les « promoteurs », au cours des siècles, pour bâtir sur le terrain spéculatif, coupèrent les arbres, capteurs naturels de la foudre et asséchèrent les courants d'eaux souterrains, générateurs d'ions négatifs quand ils passent sur la glaise purificatrice. Le tarissement du flot provoquera aussi des dégâts au gros-œuvre, en raison de la dessiccation des pieux en chêne.

Outre cette mesure de sécurité électrique, on en prenait une autre. Point de gouttières, en effet, afin que, lors des pluies, l'édifice puisse, par le ruissellement des toits éloignés des murs par des « croupes », transformer la demeure, grâce au courant d'eau souterrain, en « cage de Faraday ». On formait ainsi une gigantesque électrode qui empêchait l'air chargé d'électricité d'éclater sous forme d'éclair, tandis que la différence de potentiel allait directement, par la terre humide, se perdre dans le sous-sol. Si l'on modifie ce champ électrique protecteur de la maison ancienne par un transformateur voisin sous haute tension, il faudrait alors placer au sommet un capteur de foudre.

Tels sont quelques-uns des éléments précis de la science des Maîtres d'Œuvre. Les Templiers, grands bâtisseurs comptant dans leurs rangs des ouvriers initiés, les possédaient parfaitement. Ils avaient acquis ce savoir par leurs contacts, en Palestine, avec les Arabes et les Juifs. Ils apprendront aussi des Arabes les techniques de la fabrication de la Pierre philosophale, qui nous permettront précisément d'élucider le sens de la façade nord du Chastenay.

CHAPITRE V

PASSAGE :
VA SOULEVER LE VOILE DE L'ARCANE, POUR POURSUIVRE TON CHEMIN VERS LES ETOILES

Cryptation sacrée du décor

Le décor des fenêtres

Avant d'aborder les arcanes de l'Hermétisme, arrêtons-nous sur le décor qui entoure les fenêtres de la façade ancienne.

Nous ne sommes pas en présence d'une simple décoration esthétique, mais devant un phénomène plus complexe. Aucun élément n'est semblable à un autre. Après plusieurs années de recherches, nous avons été conduits à penser que nous nous trouvions face à une *cryptation :* c'est-à-dire que, par les signes, représentatifs de chiffres, nous avons des lettres (on ne sait pas à quel alphabet elles se rattachent). Il y a donc un « message » écrit qu'actuellement on n'est pas en mesure de lire.

C'est la « Cryptation sacrée » utilisée pour les cathédrales, mais, comme pour tout élément chiffré, il faut, pour le comprendre, en connaître la ou les clés qui furent utilisées par ceux qui réalisèrent ce décor.

Aujourd'hui, l'on peut dire que l'une des clés serait le *zodiaque* avec la position des planètes. La *tétraktys* de Pythagore (celle de 1 à 12) réalisée graphiquement avec une règle et un compas (les deux instruments du bâtisseur donnés par la pige et le cordeau qui précèdent) nous fournit en plus du sens philosophique des nombres une notion chiffrée du décor.

Ainsi le triangle vaut trois, le carré quatre, la fleur à 5 pétales dite la « quintescence » sera représentative du 5, le losange du six, mais en plus on sait qu'il est le symbole alchimique du cinabre ou du mercure selon qu'il est représenté droit ou couché.

Si l'on se trouve à l'intérieur d'une forme qui a une valeur numérique, on prendra la valeur de la forme en elle-même et ce qu'elle contient. S'il existe par exemple 3 losanges, les uns dans les autres, on comptera $3 \times 6 = 18$. S'il y a une fleur, on comptera aussi les pétales pour le nombre qu'on suppose y être placé.

Certes, si l'on savait dans quelle langue nous étaient donnés les cryptogrammes qui entourent les croisées, on pourrait peut-être lire ce que veut nous dire, d'une façon muette, cet étrange logis.

Un exemple de transfert par cryptation de valeur des lettres est donné par celles formant le nom de Jésus en grec : Iesous vaut 888 soit I = 10, H = 8, S = 200, 0 = 70, U = 400, S = 200.

En symbolique sacrée, le 8, placé de côté est presque la représentation de l'*Omega* grec, signe de l'infini en algèbre. L'octogone, dérivé de *Iota, chi* et *resch* enlacés voudra dire en cryptographie apostolique : « Jésus-Christ-Dieu », soit donc ce que l'on appelle le « *Iéschrismon-resh* » ; le *Iota* étant le monogramme de Jésus à la fin du IIe siècle, au moment des persécutions. Ce furent les Hébreux qui, les premiers, utilisèrent cette cryptographie sacrée car la loi de Moïse interdisait la représentation physique de Dieu. Le « nimbe » ou cercle exprimera donc la gloire éternelle, le triangle Jéhovah (ou chez les chrétiens Dieu-le-Père).

Précisons que les Compagnons qui, d'après eux, étaient les descendants d'Hiram, le bâtisseur du temple de Jérusalem, utilisent des signes cryptographiques et les représentent sous la forme d'objets symboliques tels que le compas (représentation de Iahvé et du Grand Architecte de l'Univers), la truelle, le maillet, l'herminette (ou bisaie) ou l'équerre. Ils sont la traduction cryptographique du Christ-Dieu ou encore de Dieu-le-Père. L'Acacia des Maîtres, en Franc-Maçonnerie n'est, à l'étonnement peut-être de certains, qu'un terme de langue secrète signifiant, pour l'initié à cette science du chiffre, aussi bien le Père que le Fils. La position des outils, sur l'autel du Vénérable de Loge, signifie : « Jésus-Christ, Dieu, sauveur du monde, ressuscité pour les hommes. »

Il faut observer avec attention tous ces symboles inscrits sur les bandeaux entourant les croisées. On constatera, outre la cryptation sacrée, que les signes sont très variés. On pense à la grande règle des bâtisseurs de cathédrales en matière de décor ou même d'établissement d'une façade : *la symétrie est la mort, l'assymétrie (ou la dissymétrie) est la vie.*

Il suffit de regarder chaque croisée pour s'apercevoir de son originalité. Dans les piedroits des fenêtres, celui de gauche est moins haut que celui de droite. S'ils paraissent semblables de loin, on s'approche et l'on mesure : on constate qu'aucun n'est pareil à l'autre.

Le plus surprenant, dans cette décoration, c'est qu'il est actuellement impossible, dans l'état de nos connaissances, de pouvoir dire si la cryptation est dans les signes par eux-mêmes, dans la distance entre eux, ou dans la forme et le symbole qu'ils dégagent.

Toutes les figures sont différentes même sur le plan de la mesure (qui est tantôt impaire, tantôt paire). Les signes sont solaires ou lunaires. Les coquilles ou les losanges sont en creux ou en relief. L'on passe donc du ciel à la terre, du positif au négatif, du masculin au féminin, comme de l'eau au feu. On est en face de ce qui est écrit au début de la table d'Hermès (tirée d'un livre sur le « Traité du secret de la création des êtres » dont l'auteur serait Sergius de Res Ayna — sage grec vivant en Perse sous Chosroes Ier (513-579) et mort en 536). Cette « Bible des Alchimistes » évoque ce roi fabuleux de la période prépharaonique et elle dit : « Ce qui est en haut est comme ce qui est en bas et ce qui est en bas est comme ce qui est en haut. »

On a certes cherché des clés et l'on en continue à les rechercher. L'une d'entre elles, *que l'on trouvera pour la première fois ici,* est la construction graphique d'une Tetraktys « pythagoricienne » de 1 à 12 effectuée avec le compas et la règle.

Elle nous donne, avec les nombres, différents signes et différents sens aussi. Elle nous procure l'angle que doit avoir le toit d'une maison, d'une église (ou d'une tour comme celle du Chastenay qui est à l'image d'une pyramide égyptienne pour les mêmes raisons déjà avancées) et se réfère au nombre douze,

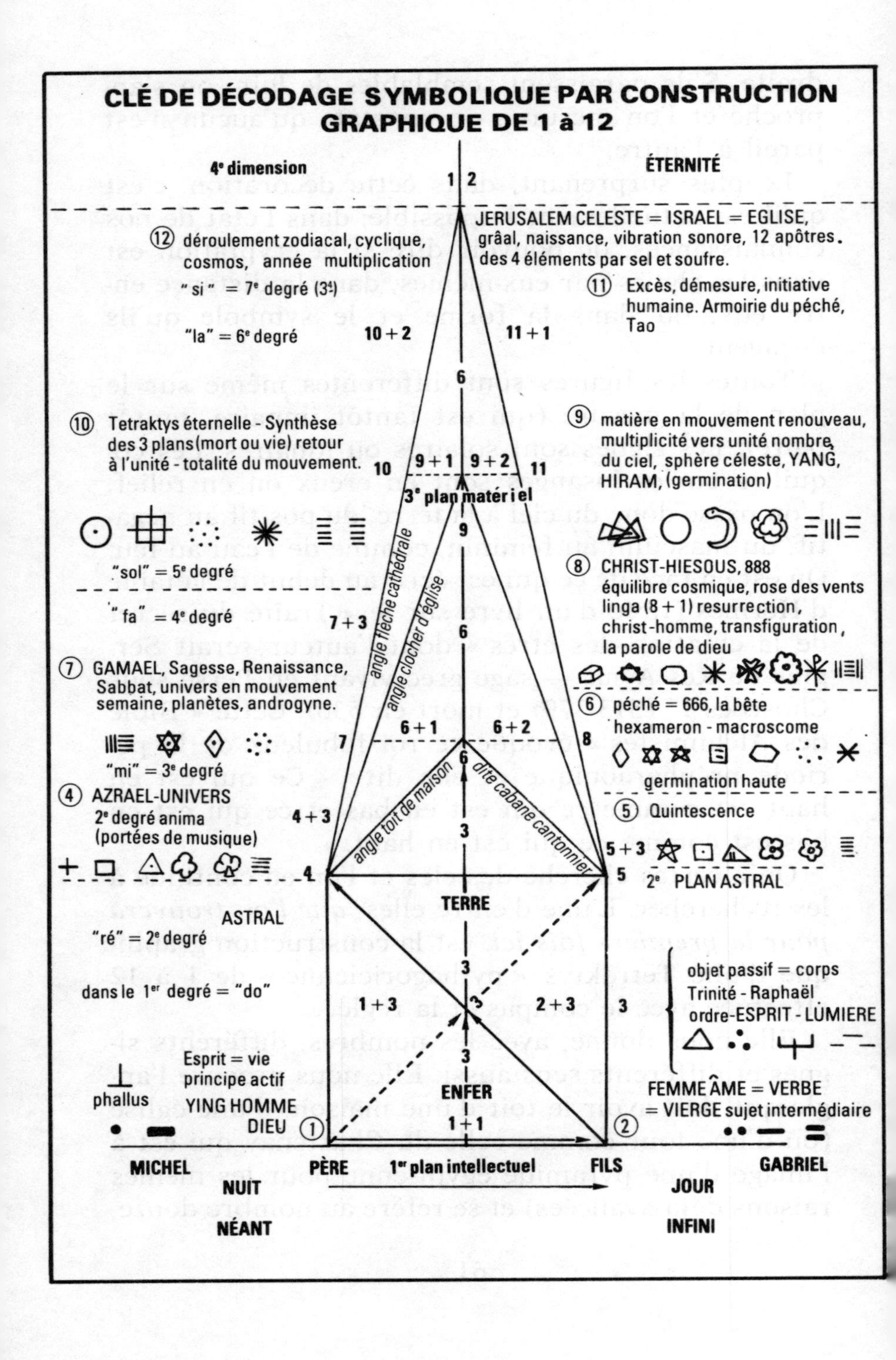
CLÉ DE DÉCODAGE SYMBOLIQUE PAR CONSTRUCTION GRAPHIQUE DE 1 à 12
4e dimension
ÉTERNITÉ
1 2
JERUSALEM CELESTE = ISRAEL = EGLISE, grâal, naissance, vibration sonore, 12 apôtres. des 4 éléments par sel et soufre.
⑫ déroulement zodiacal, cyclique, cosmos, année multiplication
"si" = 7e degré (3t)
⑪ Excès, démesure, initiative humaine. Armoirie du péché, Tao
"la" = 6e degré
10 + 2
11 + 1
6
⑩ Tetraktys éternelle - Synthèse des 3 plans (mort ou vie) retour à l'unité - totalité du mouvement.
⑨ matière en mouvement renouveau, multiplicité vers unité nombre du ciel, sphère céleste, YANG, HIRAM, (germination)
10
9 + 1
9 + 2
11
3e plan matériel
9
angle flèche cathédrale
angle clocher d'église
"sol" = 5e degré
⑧ CHRIST-HIESOUS, 888 équilibre cosmique, rose des vents linga (8 + 1) resurrection, christ-homme, transfiguration, la parole de dieu
"fa" = 4e degré
7 + 3
6
⑦ GAMAEL, Sagesse, Renaissance, Sabbat, univers en mouvement semaine, planètes, androgyne.
⑥ péché = 666, la bête hexameron - macroscome
7
6 + 1
6 + 2
8
"mi" = 3e degré
6
germination haute
④ AZRAEL-UNIVERS 2e degré anima (portées de musique)
angle toit de maison
dite cabane cantonnier
⑤ Quintescence
4 + 3
3
5 + 3
4
5
2e PLAN ASTRAL
TERRE
ASTRAL
"ré" = 2e degré
3
objet passif = corps Trinité - Raphaël ordre-ESPRIT - LUMIERE
dans le 1er degré = "do"
1 + 3
3
2 + 3
3
Esprit = vie principe actif YING HOMME DIEU
3
phallus
ENFER
FEMME ÂME = VERBE = VIERGE sujet intermédiaire
①
1 + 1
②
MICHEL
PÈRE
1er plan intellectuel
FILS
GABRIEL
NUIT
JOUR
NÉANT
INFINI

« sublime d'éternité », pour aboutir à la forme élancée d'une flèche de cathédrale dont nous savons déjà qu'il fallait défier la mort pour l'édifier.

Indépendamment des clés résultant des cryptations maçonniques, templières, compagnonniques (avec d'une part la « pendule à Salomon » et d'autre part « l'Union Jack », clé des colombages), il faut penser à l'espèce d'algèbre qu'utilisent les alchimistes, comme aussi tous ces signes millénaires qui, gravés sur les pierres levées mégalithiques, sont également attestés dans le vocabulaire et l'iconographie symbolique des Chinois et des Indous. Symboles éternels que les Bohémiens, de nos jours, employèrent sous la forme de graffitis pour se reconnaître entre eux.

Ils sont présents au Chastenay, de même que toutes les formes de triangle en groupe de trois. On est ainsi en face de toutes les conjonctions : celles du soufre avec le mercure, de l'eau avec le feu, de la terre avec l'air, de l'homme avec la femme, de l'esprit avec la matière. Le triangle est un symbole mâle, le losange un symbole féminin.

L'héraldique, en tant que science ésotérique, permet de lever le voile de l'Arcane, car elle fut inspirée aussi bien par l'alchimie que par les règles des tracés directeurs du Moyen Age, sublimes et extraordinaires procédés, bien qu'étonnants de simplicité. Les tracés réalisent l'impossible, comme par exemple la division par sept d'un cercle avec un compas et une règle (alors que la division par 360 est hasardeuse et approximative). On construit un écu, figure difficile, avec ces techniques-là pour aboutir à un équilibre de forces jamais atteint autrement. C'est donc bien le désir d'inscrire dans la pierre la « mutation philosophale », considérée comme la transformation de l'homme et de la matière, qui a inspiré le décor crypté des entourages des fenêtres et des figures de la façade du Chastenay. Alchimie subtile, certes, qui reste cachée car la connaissance ne peut être transmise que pour le « Bien », en raison du danger que présentaient les ingrédients maniés par l'adepte (souvent, des poisons pouvant donner la mort).

C'est volontairement qu'il n'existe nulle symétrie. Cette dernière est une marque de la Renaissance, époque où l'on perdit le sens des tracés constructeurs de cathédrales.

La date de la tour du Chastenay, 1349, n'est plus contestable, en raison de critères généalogiques et historiques. Mais, si tout le logis datait de cette époque et était dû à un architecte profane, on aurait, sur ses murs, des sentences écrites en latin ou en grec, expression du maître du château, et non un message en écriture chiffrée, caractéristique de la présence des adeptes.

Quand on a vu l'état dans lequel se trouvait le Chastenay avant sa restauration, alors que les décors étaient couverts de mousses et de lichens, on comprend que les spécialistes de l'archéologie médiévale aient estimé que la maison n'était pas « gothique » que le 13 était un 15 maquillé, rajeunissant la maison de deux cents ans. L'actuelle restauration, au cours de laquelle, sur l'ordre de l'architecte des monuments historiques, on a placé des cheminées gothiques dont les nouveaux âtres correspondaient aux anciennes pierres taillées des murs, prouve que la tour a été placée — pas même engravée dans la muraille — devant une façade antérieure à 1349.

Ce fut un enfant du manoir, l'abbé d'Arcy, qui acheva l'imposante basilique de Vézelay, sise sur sa

« colline éternelle », en 1171. On peut raisonnablement supposer qu'il ordonna à des artisans dûment qualifiés de réaliser la curieuse décoration du Chastenay qui, on le verra, se révèle d'une stricte logique symbolique, puisqu'elle sert à décrire l'opération alchimique du Grand Œuvre. L'abbé voulait ainsi transmettre ses connaissances occultes.

Aujourd'hui, l'étude ne fait que commencer ! Il nous faut tout relever, tout mesurer, tout enregistrer et ainsi tenter de mieux révéler les « Mystères » de l'Arcane majeure : cette Alchimie qui, même de nos jours, fait couler tant d'encre, dans notre Monde si bassement matériel, qui ne voit en l'Or que la possession et la richesse, ultime refuge d'une génération « d'égoïstes » pour qui les biens terrestres sont une fin et non un moyen.

Le Chastenay affirme l'aspect spirituel de cette recherche d'hier qui a su être « la connaissance des Mages », c'est-à-dire « le meilleur savoir des savants », selon le sens ancien du terme, voulant que le mage fût un savant.

'ue du Chastenay — Vieux château du XIVe (Vieux-Champ) et le village du Val-Sainte-Iarie.

'ue de la façade Nord au 1er flan gauche. Ancienne tour protégeant le pont-levis au entre.

Vue du Chastenay prise d'une des tours du nord-ouest.

Vue du corps de logis antérieur à 1349 et tourelle de 1349. A gauche bâtiment du XVIIIe.

5 Porche de la tour du Chastenay.
– La tiare représente l'or philosophal, le Pape et le seigneur / 2. — Coquille Saint-
ques indiquant les relais de pèlerins, l'initié et aussi le couple dans le triangle /
— Conjonctions en creux et en relief / 4 — Le sage nu (?) / 5. — On loge les pèle-
s à pied : deux caducés / 6. — L'ange, signe de l'esprit / 7. — Signes ésotériques de
onnaissance des pèlerins / 8. — Date de 1349, édification de la tour sur une façade
s ancienne / 9. — Jean du Lys, adepte alchimique, époux d'une d'Aulnay en 1347 /
— Les 3 degrés de la connaissance / 11. — Baphomets ou Diables indiquant le choix
liberté : Dieu / 12. — Signes de reconnaissance des adeptes / 13. — Le Bélier signe de
bête : passion charnelle / 14. — Jean Flamel (juriste) / 15. — Les 2 serpents verts de
table d'Hermès / 16. — Les 2 Athanors /

6 Le haut du portail Saint-Jean.
Athanors, tiare, serpent vert de l'alchimie ainsi que l'adepte et ses 2 compagnons.

7 L'homme nu (le pauvre) et Jean du Lys au centre.

8 Jean du Lys à gauche et Jean Flame droite.

Ci contre :
L'ange et le losange représentant la « femme enceinte ». (10)
Le bouc diabolique de la passion charnelle. (11)
Un des caducés pour indiquer que l'on reçoit les pèlerins à cheval. Les palmes sont agitées par la passion charnelle. (12)

9 La date de 1349 et le « Baphomet ».

11

12

13 Le porche de l'ancienne chapelle. Au fond, le pigeonnier.

14 Les anges et les « démons » « moustachus » ou anges à quatre ailes

15 Le pigeonnier et la tourelle supportant Dieu le Père ou maître Jacques.

16 Façade sud et vue des fortifications.

15

17 Le faîte — Ci-dessus, le triangle équilatéral (le Diable) et la tour pyramidale à six pans.

Ci-dessus, le triangle rectangle et les animaux de justice.

18 Le porche et la tourelle reposant sur une pierre unique.

19 Sortie de la cave : naissance. Première fenêtre de gauche (phase de l'enfant nouve né).

20 Première fenêtre de gauche. La giration de la svastika engendrant la matière et les « sanges de conjonctions ».

19

0

22 Ci-dessous, troisième fenêtre de gauche en haut : la conjonction de la rencontre. centre, le triangle équilatéral : le diable et à gauche, le lion visant la polaire.

23 Porche et première fenêtre de droite : ◀ l'apprenti.

remière fenêtre de gauche. On voit à gauche sur la tour les meurtrières de visées alhimiques et de tirs à flèches. ▶

i-contre, deuxième fenêtre de gauche. L'adoscence et au-dessus, la rencontre du jeune omme et de la vierge.

Ci-dessous, troisième niveau. Les époux sont mariés ; les coins gauche et droit du ebord au-dessus des sculptures représentent les enfants issus de l'union.

Orion

Le cellier sous le bâtiment du XVIIIe avec le vieux pressoir.

Deuxième fenêtre : le compagnon avec au-dessus les époux, le triomphe de la pierre philosophale et les animaux de justice.

La gueule du lion percée. La perpendiculaire de l'équerre du socle donne la visée d'étoiles au 24 juin — probablement Orion, l'étoile du Sud.

L'ancien cellier sous le logis antique ; à gauche l'entrée du vide-bouteilles.

30 Cheminée et intérieur du vieux logis. La salle aux peintures.

31 Les peintures alchimiques de la salle de compagnie.

CHAPITRE VI

LA VOIE DES PROFONDEURS : VISITE L'INTÉRIEUR DE LA TERRE ET, EN RECTIFIANT, TU TROUVERAS LA PIERRE CACHÉE

La façade alchimique

Description alchimique de la façade

Nous avons dit pourquoi, historiquement, cette demeure pouvait être qualifiée de philosophale. Mais avant de pouvoir expliquer la façade par cette science ancienne, il paraît indispensable de donner une brève approche de l'Alchimie.

C'est une technique qui a précédé notre actuelle chimie. Nombre de nos découvertes dans cette discipline doivent leur succès à ces alchimistes. Hier, elle était celle de la mutation de la matière. Généralement, on voit « l'Adepte » comme un homme qui cherche la transformation du plomb en or afin d'acquérir la richesse. Mais cette recherche que l'on appelle aussi la « voie Royale » et qui était connue des Chinois, des Arabes, voire des Egyptiens antiques, était tout autre chose. On œuvrait, non seulement pour muter la matière, mais aussi et surtout pour obtenir la mutation de l'homme. C'était la grande « quête philosophale » qui transformait l'individu corps et âme et qui tendait, *de son vivant*, à le faire accéder à l'Eternité Glorieuse, cet Au-delà de la mort...

Science initiatique, certes, mais si enrichissante sur le plan philosophique et métaphysique car l'alchimiste saura ne point craindre la mort. Savoir l'accepter, en sachant qu'il existe, au-delà du trépas, une autre existence, glorieuse et sans fin, c'est déjà être dans la survie. On n'a jamais su exactement si les Templiers ont pratiqué la recherche de la pierre philosophale, cette pierre qui permettait la modification des corps, mais compte-tenu de l'ésotérisme certain qu'ils pratiquaient, il serait invraisemblable qu'ils aient négligé cette connaissance qui leur fut offerte par les Arabes et les Juifs kabbalistes qu'ils fréquentaient car, même entre adversaires, nous savons qu'il existait une certaine osmose initiatique de « chevalerie » au point que Saladin, leur ennemi, était considéré comme un preux chevalier digne d'être des leurs.

Sur les murs du Chastenay qui nous affirment qu'on a obtenu en ce lieu la pierre philosophale, nous identifions les voies qui permettaient d'accéder à une éternité glorieuse aussi bien pour les hommes du Temple que pour les alchimistes.

On a dit que le Manoir est parfaitement orienté : si l'on fait abstraction du pavillon du XVIIIe dont on a parlé plus haut, on contemple une façade divisée en deux parties par la tour à six pans qui compte, d'une façon différente, pour une troisième partie.

Cette tour était très importante pour réaliser l'œuvre philosophale. A son sommet se trouvait le *laboratoire* indispensable aux opérations diverses qu'il fallait accomplir. Sa position au dernier étage de la tourelle est nécessaire car, par la spirale de l'escalier, venait la force tellurique issue du sol et particulièrement vive en notre site particulier. Elle rencontrait l'autre force, cosmique, apportée par la pyramide du toit. Cela créait un climat favorable à la mutation de toute matière, fût-elle humaine, car naissait de la rencontre (comme dans une église ancienne) « l'Egrégore », c'est-à-dire un être, indépendant et spirituel, fait de l'esprit, présent, passé et futur, des âmes vivantes et mortes, représentation du monde invisible favorisant aussi bien la vie que la mort ou la mutation majeure.

La face froide était éclairée par le soleil de l'est. Elle se trouve à gauche de la tour centrale et se rapporte à l'ignorance ou non-connaissance de l'Alchimie et du savoir philosophal. C'était aussi l'homme. Aussi cette partie, qui est également la nuit de l'esprit, est-elle plus haute et plus étroite que la face chaude réservée à la femme. Cette ignorance n'est pas une condamnation. Elle suppose un effort pour acquérir la science. C'est pourquoi les degrés entre les croisées seront plus importantes à gauche qu'à droite où on possède le savoir essentiel, grâce à la femme.

Au fur et à mesure que l'on s'élève, les fenêtres se haussent et deviennent plus grandes car, plus l'esprit s'ouvre à l'intelligence, plus la clarté de la vision de l'ensemble des choses de la vie et de la nature devient vive et illumine l'intellect.

La face froide offre la possibilité de connaître l'étoile polaire grâce à la gueule du lion, tête renversée vers le zénith. La lueur de cette étoile est le guide, l'orientation céleste qui permet de se diriger dans le voyage nocturne. Avec ce repère, on pourra aller là où le destin, voire Dieu, commande d'aller.

La face « chaude », c'est la femme. C'est aussi le jour, l'intelligence, le savoir. La plupart du temps, elle est plus ensoleillée. Les degrés entre les ouvertures sont moins élevés que ceux de gauche car on a, dans cette phase, reçu une double initiation. Celle de l'apprenti (façade froide), celle aussi de la descente dans sa conscience ou dans son « moi » (la tour centrale, celle du Compagnon qui médite pour sortir par la porte de la Caverne des Sages). Puis, avec la nature féminine, toute chargée d'intuition révélée, on gravit les échelons de l'échelle de Jacob pour atteindre le triomphe de la Pierre Philosophale, étape définitive de l'Eternité glorieuse qui s'embrase par l'éclairement de l'Or solaire. Là aussi même symbolisme de la forme des croisées qui sont à la fois et dès le premier degré de cette face chaude, plus éclairantes que les autres. Il existe certes une progression dans la surface donnant le jour aux chambres (de l'esprit), mais elle est plus nuancée dans son élévation que sur l'autre face, mâle. La douceur féminine joue là aussi. Il faut l'union du couple pour réaliser l'œuvre. L'union des corps et des esprits se réalise dans l'amour et se prolonge par l'enfant. « C'est le 2, dirait Pythagore, qui s'unit au Un pour que naisse le 3. »

Les deux faces peuvent aussi signifier la Nuit (à gauche), le Jour (à droite), le positif et le négatif ou encore comme chez les Chinois, avec le Ying et le Yang, les forces mâles ou femelles qui s'unissent pour obtenir, par la giration de gauche à droite, création de la matière vivante.

Avant de poursuivre notre description, il est indispensable de constater que le logis ancien comporte 9 fenêtres toutes dissemblables. On doit se souvenir que ce nombre 9 est la marque de l'initié.

L'alchimiste est d'abord un ésotériste qui connaît la valeur de ce chiffre 9 (marque de l'absolu, réalisé par trois fois trois feux de l'opération philosophale engendrant, par sa répétition ternaire, une magie « opérative ».

Cela correspond aussi aux neuf degrés opérationnels de la « voie royale » que l'on décrira en détail avec chaque croisée.

Les sept éléments alchimiques, avec lesquels on réalisait toutes les opérations (et qui correspondaient également aux sept notes de musique comme aux sept planètes composant les sept jours de la semaine : lundi, jour de la lune ; mardi, jour de mars, etc., sont indiqués sur la façade par les trois chambres de chaque phase froide ou chaude et l'atelier du dernier étage, laboratoire où devaient œuvrer un homme et une femme.

Nous savons que c'est bien un laboratoire car, si nous avons dans cette toute petite pièce une cheminée, celle-ci, on le voit bien du dehors, n'avait point de tuyau d'évacuation des fumées et la ventilation se faisait uniquement par les tuiles. Il ne pouvait pas y avoir, dans ce foyer, autre chose que du charbon de bois. C'est avec lui que l'on fera chauffer l'« Athanor », cette cornue ancienne dont on retrouve l'image de chaque côté du sommet du portail de la tour Saint-Jean. On avait construit cette cheminée « gothique » pour éviter d'être asphyxié par l'oxyde de carbone se dégageant de la combustion du charbon de bois.

Pour que s'allume l'Athanor, une maison doit être solaire. Or, on a retrouvé dans le décor crypté des fenêtres nombre de signes représentatifs du soleil et de la lune, connus dans des civilisations très anciennes, égyptiennes, phéniciennes ou vikings, voire aussi celles des adorateurs solaires qui venus de l'Iran s'en allèrent en cette lointaine « Thulé » et qui marquèrent, de ces symboles millénaires, les grottes et les pierres levées de la Méditerranée à la Norvège, lors de leur voyage vers les brumes septentrionales. C'est donc grâce au soleil, à une loupe et de l'étoupe qu'on allumera le feu qui devra, à certains moments, être entretenu jour et nuit. Pour cette opération solaire où il fallait se saisir du premier rayon du soleil levant franchissant, à l'Est, la crête des collines, on dispose d'une petite fenêtre qui n'a point de côtés parallèles mais qui formait viseur en tenant compte des solstices comme aussi d'un repère, dans le village d'Arcy, dit « le fait de l'Orme ». C'est un alignement que l'on retrouve, comme par hasard, dans nombre de maisons templières, voire à Gisors ou à Montségur.

Les trois stades de la matière en cours de mutation sont indiqués par la division en trois de la façade — tour comprise — et aussi par les deux triangles sis au-dessus des lucarnes du toit : c'est « l'œuvre au noir », « l'œuvre au blanc », et « l'œuvre au rouge » (c'est-à-dire l'ultime moment où ce rouge devient le rubis, l'Or solaire, l'or potable, le cinabre des Chinois, celui qui permettait d'obtenir la liqueur des « mille matins », éléxir d'éternité).

On peut comparer ces trois opérations des Œuvres à celles accomplies sur une barre de fer soumise au travail de la forge. Noire quand elle est froide, elle devient blanche par la chauffe et quand elle atteint le rouge, on peut la travailler. Martelage et trempage feront « l'alchimie du forgeron », changeant par son ouvrage la matière constitutive de la pièce de fer ainsi travaillée.

L'étude des trois fenêtres, des deux côtés froid et chaud (formés par les divisions en quatre des meneaux) donne également deux zodiaques, l'un spirituel, l'autre cosmique. Au Moyen Age, aux fêtes des saints correspondaient en effet les portions zodiacales ou « maisons du ciel ».

Comment réalisait-on matériellement la Pierre philosophale ? Il faudra, pour suivre cette « voie royale », pratiquer un voyage en sinusoïde : naître, après la maturation dans la terre ou la caverne, puis monter vers le ciel, afin de rencontrer Dieu dans la Nature, c'est-à-dire vivre la Transcendance. Puis, ce contact avec la divinité établi, redescendre (phase de la tour où les fenêtres sont petites en haut, grandes en bas à l'inverse des autres phases froide et chaude) pour aller dans son « Moi-profond » (diraient les psychiatres d'aujourd'hui), dans sa conscience pour rencontrer Dieu inscrit en soi, selon le processus d'Immanence. Enfin, repartir vers le haut après avoir franchi le portail et les trois degrés de la connaissance du porche pour atteindre le « Triomphe de la Pierre philosophale », Triomphe solaire, Triomphe de l'Esprit sur la matière puisque c'est l'ultime rencontre avec l'Eternité divine de l'Homme dépassant sa mort physique.

Il faut noter que cette sinusoïde est aussi bien la représentation du processus de l'électricité que celle de la spirale qui tourne et que l'on coupe par un plan. Cette spirale concrétisée par l'escalier de la tourelle centrale (gironné en héraldisme) représente, en symbolique, aussi bien la force ésotérique qu'exotérique (autrement dit celle qui vient de l'intérieur et l'autre qui provient de l'extérieur). Tout ceci nous conduit à la source de vie, but du Périple : Dieu et son immortalité divine.

Pour découvrir cette source de vie, il fallait que l'homme puisse parcourir neuf étapes qui seront celles menant à la pierre philosophale, élément indispensable pour atteindre, vivant, l'au-delà de la mort : c'est le message que Le Chastenay nous délivre.

C'est le chemin de la vie de tout être humain tourné vers le spirituel.

D'abord, on sort de la cave (dont on aperçoit l'ouverture au pied de la partie froide) comme l'on sort du ventre de sa mère. Cette sortie au jour de la naissance est le produit de la germination du grain mis en terre et qui se mature dans le sol comme la graine d'enfant le fait dans le sein de sa mère (dont la caverne est l'archétype).

Alors débute la première phase de l'existence. La première fenêtre de gauche la dira. Enfant nouveau-né, on a besoin d'être protégé et aidé par ses parents. Aussi, les pilastres de chaque côté de l'ouverture sont soutenus par le linteau de base de la croisée et ceci complètement. La protection « parentale » nous est donnée par le « larmier » de calcaire du linteau supérieur. C'est un abri protecteur de la pluie même sur le plan technique et architectural. Il se termine de chaque côté par deux coquilles « Saint-Jacques » marquées l'une du chiffre sept (par sept côtes) (1) et l'autre par le chiffre huit.

Au deuxième niveau, c'est-à-dire au premier étage, c'est l'arrivée à l'adolescence. La protection n'est plus donnée par le sourcil de calcaire. L'aide des

(1) Le nombre sept est celui de l'homme parfait, de l'androgyne alchimique comme celui du cycle de la vie éternelle, totalité de l'espace et du temps réalisée en plénitude.

parents est moins nécessaire car les colonnes des côtés ne sont plus soutenues que pour partie par le linteau.

Le troisième stade nous conduit au deuxième étage. On y voit deux figures. C'est le jeune homme et la jeune fille. Ils ne se connaissent point car ils ne se regardent pas et sont écartés l'un de l'autre. Ils se verront et, de cette vision, viendra l'amour qui fera leur destin. Ils sont seuls, indépendants ; les colonnes ne sont plus du tout supportées par la base ; on n'a plus besoin de ses ascendants. Alors la rencontre du jeune mâle avec la jeune vierge (nécessaire à toute opération hermétique) sera réglée par les étoiles, surtout par le lion surmontant le triangle de gauche. Ce lion qui forme la pointe vise par sa gueule l'étoile polaire : c'est la seule étoile fixe du système solaire occidental. La figure de gauche (qui est non pas une gargouille mais une « grimace ») n'est là que pour nous rappeler par sa position à gauche (le *sinistra* des Romains) que l'amour humain, s'il est dévié de sa finalité, peut être source de maléfices et de damnation : l'enfer pour les chrétiens ! Il faut constater qu'aucune des neuf fenêtres de cette façade n'est pareille à l'autre. Il n'y a point entre les 3 fenêtres de gauche même dimension ou intervalle : à gauche, face froide, le chemin est plus long à parcourir qu'à droite (c'est d'un côté la non-connaissance, de l'autre le savoir). Plus on monte vers le haut plus les fenêtres sont larges à gauche. Celles de droite sont plus larges et plus grandes qu'à gauche et vont en s'élargissant vers le haut.

Le triangle qui surmonte la lucarne est isocèle. Il nous dit que la Trinité divine nous conduit vers le ciel. Il nous précise que, dans la Nature, toutes choses sont identiques et qu'à l'échelle humaine, il faut ajouter le plan de la Divinité pour progresser dans l'ascension de l'échelle de Jacob. Le triangle est aussi la représentation graphique et alchimique de l'eau et du feu, comme de l'air et de la terre.

Nous avons donc parcouru les trois premières opérations philosophales.

La quatrième nous est fournie par le laboratoire où étaient pratiquées les manipulations « chimiques ». La spirale de l'escalier ayant le même sens que le gironné en héraldique, nous indique qu'il faut maintenant descendre. Dans le sens de droite à gauche on voit que, pour pratiquer la sinusoïde (montée, descente, remontée), nous devons regagner le sol et la terre maternelle pour devenir un homme « nouveau » et accomplir une nouvelle naissance.

Pour atteindre le cinquième et le sixième degrés (symbolisés dans la tour par les ouvertures : la première est nue, la deuxième légèrement décorée intérieurement, la troisième extérieurement par des losanges solaires). Là encore, il y a gradation dans la hauteur des fenêtres. Plus elles sont hautes, plus elles sont simples et étroites ; vers le bas, elles sont plus grandes. Observons aussi que ces ouvertures ne se situent pas au même niveau que les fenêtres de gauche ou de droite. Elles sont les « intermédiaires ». Il faudra descendre dans son « Moi-profond » pour aller, enfin, franchir le porche qui se trouve exactement dans l'axe du soleil couchant (c'est la phase de la méditation et de la réflexion, descente nécessaire pour être un homme neuf en esprit).

Même sur le plan chrétien, cette ouverture, à cet emplacement, a un sens. Ce n'est point le hasard qui a déterminé ce décor.

Le Manoir du Chastenay fut un relais de pèlerins

vers Compostelle, avant 1349, date d'édification de la tour telle qu'elle apparaît sur le côté (avec d'ailleurs une signature compagnonnique). C'est vers l'Ouest que se trouve la ville espagnole détenant le « tombeau » du premier martyr Jacques le Majeur, et cet Occident est celui du passage vers l'au-delà. La porte de l'ouest était, du temps des anciens Egyptiens, celle de la sortie des hommes alors que la petite fenêtre du haut était, dans les temples antiques, l'entrée des Dieux, étroite, alors que la sortie des humains est large. Notons aussi un détail curieux dans la descente en spirale ; les meurtrières de défense de la tour de l'escalier (qui étaient, avant l'intervention de l'actuel propriétaire, bouchées par des pierres et donc invisibles, donnent, quand on y regarde de près, exactement la visée du soleil et de la lune figurés en signes sur un pan coupé du pilastre exactement comme si en regagnant le sol, on devait passer du soleil à la lune et de celle-ci à l'astre solaire.

C'est à cause de ce si beau portail que j'ai compris que la maison était « alchimique ». J'ai trouvé un jour dans le « livre des mages et des sorciers » la gravure représentant la « porte des sages » et l'entrée de la « caverne mystique », comme aussi celle figurant le « triomphe de la Pierre Philosophale ». Les symboles, sur ces deux images, étaient les mêmes que ceux du portail du Chastenay. J'ai retrouvé pareille porte dans divers lieux (Villemoison — templier — loge odinique de Chartres, XIIe siècle) avec parfois la même datation de 1349, comme, par exemple, la maison de la « Blanche-Pierre » à Nogent-le-Rotrou.

Pour ceux qui ont étudié les techniques indoues, ce portail, destiné à fixer le soleil couchant, rappelle un rite des Yoghis de l'Inde ou des adorateurs solaires de l'Iran d'hier (si passionnés d'astronomie) : ils pratiquaient une méditation en fixant l'astre : cette pratique devait leur donner la connaissance divine et la découverte en esprit, de leur vivant, de la réalité de Dieu Transcendance, c'est-à-dire l'Universel créateur des Mondes : ce « Grand Architecte » des francs-maçons déistes.

Ayant donc repris contact avec le sol terrestre et la réalité l'on va passer à la dernière phase de la réalisation hermétique donnée par l'autre façade, celle dite chaude (ou de la connaissance) qui est éclairée par le soleil venant de l'ouest.

Là encore, trois degrés. D'abord la septième phase alchimique. Il faut, nous dit la pierre, repartir vers le haut avec cette fois cette initiation de la « connaissance ». Aussi la fenêtre du rez-de-chaussée n'est-elle plus, comme son homologue de gauche, soutenue par le linteau. L'homme, avec la protection divine, n'a plus besoin d'un support charnel ou parental. Les piliers sont libres. Mais la pierre de gauche de cette fenêtre de droite est irrégulière tandis que celle de droite, au contraire, est taillée en carré afin de montrer que l'être, même informé du Divin, a une connaissance imparfaite. Il ne faut pas en être satisfait et il faut donc continuer l'escalade de l'échelle de l'Esprit. Là encore est le larmier de pierre, mais cette fois-ci, les coquilles ne sont plus les mêmes que celles de gauche. L'une est en creux, l'autre en relief et les côtés ont une numérique de 7 et de 8 (le huit étant la représentation du Christ et de l'Alpha et l'Omega).

Au premier étage de droite, on est au 2ᵉ niveau du savoir spirituel, soit la huitième opération alchimique. Ici, plus de protection d'en haut, les pilastres ne sont plus supportés par l'entablement du bas : on sait donc qu'on n'a plus besoin d'aide. Par contre, il existe, à ce niveau, une particularité : alors que les 3 autres fenêtres des rez-de-chaussée de gauche et de droite et celle du 1er opposé à celle que l'on contemple ont le bord intérieur arrondi en anse de panier, on a, ici, une bordure parfaitement perpendiculaire. Point de hasard encore car, dans la bordure sculptée de ce côté droit, en haut à gauche, à côté d'un signe solaire, se trouve un triangle dans lequel existe un point noir. C'est un trou qui perce le linteau de part en part. Quand, un échafaudage étant en place, on regarde au travers, on constate avec surprise que l'on voit dans la visée la perpendiculaire rectangulaire de la fenêtre du sud. L'étonnant c'est que la même perforation existe au sud et donne par la vue de l'équerre de la façade nord, une vision identique. Nous pensons que cette ouverture a été pratiquée pour permettre au maçon, avec un fil à plomb tenu dans la visée, de mettre le linteau de niveau comme de continuer à monter le mur droit pour aligner les lucarnes supérieures avec le reste de l'édifice. Cette visée, en alchimie, est la recherche du V.I.T.R.I.O.L., mot composé des initiales des termes latins suivant : *Visita Interiorem Terrae Rectificando Invenies Occultam Lapidem,* formant une phrase qui peut se traduire ainsi : Va au centre de la terre (sous-entendu avec l'équerre et le fil à plomb) et, en rectifiant, tu trouveras la pierre cachée.

On parvient au troisième étage de droite : neuvième et ultime étape de l'hermétisme.

La rencontre de l'homme et de la femme est inscrite dans le signe de l'*ourouboros,* serpent qui se mord la queue et symbolise l'infini. Alors qu'ils étaient séparés sur la partie de gauche, ils sont maintenant unis. Ils sont placés dans des couronnes de laurier, rapprochés et réunis par des liens qui unissent leur cadre de verdure (c'est l'Amour vainqueur, digne des couronnes des empereurs romains victorieux !). De cette union, réussie, naissent les enfants, maillons d'éternité, qui se trouvent au-dessus d'eux dans l'embrasure de la fenêtre et de profil. Il y a la fille et le garçon, la fille au-dessus du père, le fils au-dessus de sa mère. C'est la croix des sexes et des générations.

Quand on passe à la partie supérieure de la grande lucarne, on constate alors que le triangle isocèle n'est plus équilatéral comme celui de gauche, mais que son sommet comporte un angle à 90°. Il est donc le rectangle dit « rectifié » en langue maçonnique ou compagnonnique. C'est le niveau du maçon d'hier qui permettait d'obtenir, avec une équerre et un fil à plomb, une horizontale. Cette équerre, invention humaine, n'existant point (prétendaient les anciens) dans la Nature, était dite « rectifiée » car obtenue par l'esprit, modifiée par la connaissance occulte et traditionnelle, reçue par la voie orale et sous le sceau du secret, dans les mystères templiers et compagnonniques.

Comme l'autre, de la façade froide, ce triangle nous indique qu'il faut faire monter son âme vers le ciel pour obtenir l'Eternité. Pourtant on y retrouve des figures différentes ayant divers sens. Ainsi, la pierre cubique qui sublime le soufre placé au centre.

C'est d'abord le triomphe de la « Pierre Philosophale » réalisé, obtenu et représenté par les Lions solaires et royaux et aussi par l'Aigle qui symbolise la montée des morts vers Dieu. Ce dernier est l'animal représentatif de saint Jean l'ésotériste qui, vecteur d'air, conduit les âmes des défunts vers le Paradis. On a représenté les vertus philosophales par les lions, gardiens de l'Orient et de l'Occident : Force et Sagesse, mais aussi par l'Aigle, oiseau solaire. Il est le seul, disent les Anciens, à pouvoir fixer le soleil en plein midi. Ces thèmes indiquent que l'esprit, triomphant de la matière, nous conduit dans les demeures célestes, séjour de l'Esprit transcendant. L'oiseau, qui, en alchimie, est la sublimation du soufre par le mercure, peut être aussi le Phénix, cet animal mythique qui, renaissant de ses cendres comme le Christ, est le symbole de la résurrection promise par Jésus pour celui qui suit son enseignement.

La gueule des lions nous donne une visée particulière d'étoiles ; c'est probablement la date du 24 juin qui est indiquée, car c'est le jour de la Saint-Jean et du solstice d'été.

Un autre sens, historique, cette fois, nous est offert par ces figures royales et impériales. Dans ce haut Moyen Age, nous ne sommes pas en France mais dans le duché de Bourgogne qui dépend du *Saint Empire Romain germanique.* L'empereur d'Allemagne symbolisé par l'Oiseau est aussi roi d'Italie et l'on doit l'hommage de vassalité au roi de France ; d'où les deux lions encadrant le signe impérial. Leur position est et ouest indique la répartition géographique des territoires gouvernés par les deux souverains.

Enfin un troisième sens, juridique, est fourni par ces animaux. Nous sommes dans une maison noble qui assume la justice au nom du monarque. Aussi les trois justices pratiquées sur le domaine sont-elles ainsi indiquées : l'aigle étant la haute justice qui permet la mise à mort, on a cassé sa tête à la Révolution et martelé les armoiries définissant la pierre cubique, trop identifiable. Les deux lions signifient la moyenne justice (faire payer) et la basse justice (faire travailler). Sous une autre forme on trouve les mêmes symboles judiciaires sur les couronnements des lucarnes du XVIIIe siècle. Les trois boules ont la même signification, relative à la justice. Sur le portail, on devrait trouver aussi deux boules sur des piliers. Mais dans cette maison, où le porche est celui de la chapelle, il n'y en a point. On trouvera pourtant en Arcy, devant la maison du notaire, qui n'a plus d'étude au village, ces marques qui traduisent le statut d'officier du Roi.

Avant de quitter la tour et cette façade, on constatera que la girouette est carrée. C'est encore un signe de noblesse car c'est l'ancien symbole du banneret du chevalier qu'il portait sur sa lance pour se faire reconnaître. Cette marque était interdite, d'après le code rural d'avant 1789, à tous ceux qui n'occupaient point un fief noble.

Sur la tourelle de côté, on remarquera une figure : celle de Dieu le Père, ou de Messire Jacques, Maître des Compagnons du Devoir de Jérusalem. Il n'est point mis là sans raison profonde puisque le carré de l'enceinte est le monde : il est donc placé sur son dôme pour regarder vivre les hommes dans la quadrature de l'univers. En cryptation sacrée, le cercle est représentation de Sa transcendance. La demeure proclame la présence divine, elle qui fut une maison hospitalière vouée à la charité et à l'accueil. La tourelle est aussi circulaire car Pythagore disait que le cercle était divin, né de la giration du carré symbolisant la terre des hommes. Elle est aussi un chef-d'œuvre compagnonnique car sa forme, identique à un canon, peut-être aussi à un athanor, est calculée pour que tout le poids ne repose que sur la pierre cubique de l'angle du mur.

Mais le portail (ou le porche de la tour Saint-Jean) doit être détaillé car il est le triomphe de la Pierre philosophale de même que l'entrée à laquelle, durant les siècles où existera le pèlerinage à Saint-Jacques-de-Compostelle, frapperont les pèlerins de la foi lancés dans l'aventure pour obtenir leur réalisation spirituelle tout au long d'un cheminement sacré.

Là encore sont gravés des signes mystérieux et ésotériques qui contiennent un message destiné à ceux qui toquaient à l'huis. Seuls les initiés le connaissaient, car ne rentrait pas qui voulait dans cette demeure particulière. L'Or et la vie privée justifiaient des méfiances surtout si le maître de maison s'adonnait à l'alchimie. On ne devenait pas adepte sans toucher à l'occulte. Même l'actuelle chimie demeure connaissance de spécialistes en raison des conséquences dangereuses qu'elle engendre. Le secret est donc indispensable pour éviter d'utiliser un savoir à des fins destructrices.

Mais il nous faut être modeste à l'égard de la « mère » initiale qu'est la « science philosophale » d'hier car on sait, aujourd'hui, que les voies de la mutation de la matière trouvées dans les temps anciens ne sont pas sans valeur technique. Ce que l'on appelle maintenant la « Bio-masse » qui est une mutation non-atomique. Nous savons que, par le jeu des bactéries qui sont ainsi utilisées, on arrive à obtenir du cuivre pur par « *digestion* » du minerai brut. 15 % du cuivre des Etats-Unis d'Amérique proviendrait de cette mutation particulière, sans traitement chimique ou thermique.

C'est de l'alchimie par la phase froide ou humide.

Le portail ici décrit est une révélation alchimique. Le Chastenay, bien que compris dans un château-fort, a été construit — au moins pour la charpente — par des compagnons du « Devoir de Jérusalem ». La forme en triangle des lucarnes comme l'immense toit calculé pour résister aux tempêtes, prouvent que ce sont soit des « compagnons finis », soit des Maîtres qui ont œuvré. En plus de sa mission de défense des habitants du hameau, la demeure était hospitalière et « disait Dieu ». La coterie avait des règles très sévères car, si les Compagnons pouvaient édifier maisons et églises, leurs « chefs-d'œuvre », ils avaient interdiction de travailler dans tout domaine portant atteinte à la liberté ou causant violence : pas question de bâtir une forteresse ou une prison.

CHAPITRE VII

L'ÉTAPE : FRAPPE, PÈLERIN, ET L'ON T'OUVRIRA

Le symbolisme du portail

Le portail dit « de saint Jean »

Entre les trois marches qui permettent d'accéder à ce portail, on constate que les degrés ne sont pas dans l'axe de la porte, mais décalés vers la gauche. Il y a sûrement une raison à cette disposition : la règle de l'absence de symétrie exigée par le Moyen Age pour mieux restituer le mouvement vital.

On voit, aujourd'hui, que les entourages de pierre sont dépourvus des lichens (qui, pendant des années, ne permettaient point de voir exactement les formes). La date de 1349 est parfaitement visible sur le côté gauche à droite d'un pied-droit. Le 3 de 1349 est exactement dessiné et n'a pas fait l'objet de retouches pour transformer un 5 en 3 afin de rajeunir l'édifice. Les « érudits » du siècle dernier admettaient cette date de 1549, répétant ce qu'avait écrit l'abbé Parat dans son livre *L'Histoire d'Arcy-sur-Cure.* L'erreur fut véhiculée par les compilateurs qui ne cherchent pas sur le terrain la vérité, mais se servent de l'ouvrage d'autrui même s'il comprend des inexactitudes. Ce qui est écrit vaut donc pour eux, même si les documents graphiques leur sont contraires !

L'erreur est d'autant plus grossière que, lorsque l'on pénètre dans la tour (que ce soit au 1er ou au rez-de-chaussée), on constate, le crépi du mur enlevé, que cette tour a été plaquée sur une façade ancienne, qu'elle n'a point les six pans suggérés par l'extérieur et qu'il n'y a point de liaison entre les pierres des murs. Les portes intérieures d'accès aux paliers sont parfaitement gothiques, ce qui prouve que le Chastenay n'est point œuvre de Renaissance comme on l'écrit et on le dit aujourd'hui (même dans des livres techniques comme le « dictionnaire des châteaux de Bourgogne »).

D'ailleurs, depuis la restauration entreprise depuis 1967, tout nous montre que l'on est dans un corps de logis destiné à subir des assauts guerriers. Les meurtrières dont nous avons déjà mentionné l'existence sur le plan ésotérique, ont aussi une finalité militaire. Elles sont destinées à protéger les fenêtres d'un éventuel assaut par échelles. C'est le propriétaire qui les a fait apparaître car elles étaient totalement bouchées par une masse de pierres et, comme ces dernières étaient recouvertes hier d'un crépi, il était impossible de les voir. Il en était de même sur les parties droites du corps de logis et aussi de la petite tourelle d'angle à droite de la façade. Mieux encore au 1er, celles de la tour présentent, à droite et à gauche, des degrés de pierre afin que l'on ne puisse, par un tir courbe et un ricochet de la flèche lancée par l'adversaire, atteindre l'homme de garde qui se tenait sur le palier. On verra aussi, toujours dans l'esprit de défense du manoir, que les fameuses « fenêtres à meneaux » avaient aussi vocation de protéger. Il existe, sur le côté, des trous débouchés dont l'utilisation est démontrée par la taille de la pierre : la possibilité de bloquer ces ouvertures par des panneaux de bois dur résistant donc aux flèches, de les assujettir avec des barres de bois ou de fer suivant l'importance des trous. C'est accomplir l'opération appelée vulgairement « mettre les bouts » : on remplissait cette tâche quand on quittait le château pour un certain temps.

L'échauguette en saillie sur le côté a aussi une vocation militaire : elle « couvre » le redan du pigeonnier et aussi celui de la grange. Cette dernière présente aussi des meurtrières de défense inutiles sous la Renaissance où le canon, coulé pour la première fois en 1320, rend inutile la protection d'une pierre relativement peu épaisse.

On a insisté sur le caractère militaire de l'ensemble car, dans le plan de défense du château, la partie centrale rend cohérent tout le système et aussi parce que la date contestée que nous évoquions prend sa pleine valeur quand on se place au milieu du XIVe siècle. Tous les manoirs normands qui subsistent encore sont identiques à notre maison bourguignonne.

Mais cette date de 1349 (époque de la peste noire) est, sur le plan de la généalogie et de l'histoire des occupants, une année importante. C'est celle où Jean du Lys (que l'on voit au centre des 3 personnages) épouse la fille d'Etienne d'Arcy. Pour sa cadette, en dot probablement, le prédécesseur et beau-père de ce Jean du Lys coupe en deux le fief originaire et fait deux justices : celle du Lys et celle d'Arcy. La justice était alors la dénomination du fief.

Avant cette césure, il y avait trois châteaux à Arcy-sur-Cure :

1°) Le château Digogne rond et situé vers l'église. Il défendait le pont.

2°) La maison forte aussi du XIVe siècle.

3°) Ce manoir qui portait alors le nom du « Lys ».

On élèvera alors un colombier sur une tour de guerre (par surélévation) car c'était l'indice du terroir noble et aussi celui de l'aînesse sur un fief de plein haubert. Le manoir devra changer de nom car Jean du Lys ne pouvait s'adjoindre un nom de terre, identique à son patronyme. En signe de justice et pour rappeler sa terre nivernaise, il lui donnera le nom de l'arbre des jugements où ils étaient rendus d'une façon ambulante (telles nos anciennes justices de paix avant leurs suppressions), Jean du Lys étant de surcroît seigneur du « Chastenay » en Nivernais.

On peut penser que Jean du Lys était un alchimiste comme les ducs auxquels il rendait hommage et dont il était l'allié. Son notaire-juré, on l'a rappelé, était Jean Flamel, le frère aîné du faiseur d'or si célèbre. Sur le portail, ce juriste est représenté comme un magistrat avec la toge et le bonnet. Par contre Jean du Lys, lui, porte un costume et un chapeau caractéristiques du temps ; il est glabre comme l'étaient les nobles et les gens fortunés. A son cou, la chaîne d'or de l'adepte, signe ésotérique montrant qu'il avait trouvé « la toison d'or ». On camouflait volontiers les opérations philosophales sous la représentation symbolique des travaux d'Hercule car l'alchimie, dans un monde chrétien, sentait un peu le soufre ! Lorsque les clercs la pratiquent, ils gardent le secret.

L'homme sis à la gauche de l'adepte est torse nu. Son identification reste incertaine. Il suffira de rappeler qu'hier on disait que ces figures représentaient « Suzanne et les vieillards » pour se rendre compte du chemin parcouru vers la découverte et la connaissance réelle du manoir.

Pour expliquer le portail, il faut se plonger dans diverses disciplines, tel le droit féodal. Il nous apprend, par exemple, les signes juridiques utilisés dans l'art des châteaux, si parfaitement réglementés, notamment dans le domaine des avantages autres que fiscaux que comportait une seigneurie : le droit aux honneurs, l'exercice de la justice. Le seigneur doit nommer un professionnel pour la rendre tant en son nom qu'au nom du Roi et ne peut assister aux plaidoiries pour ne pas influencer le jugement.

Au-dessus des personnages décrits plus haut, il y a des signes et symboles qui ont un sens très précis.

D'abord deux cornues anciennes, les « athanors », sises de chaque côté du triangle contenant la coquille dite Saint-Jacques. Ce coquillage que l'on trouve sur les plages atlantiques était le signe de reconnaissance de tous les pèlerins, qu'il s'agisse de ceux de Compostelle ou de Jérusalem.

Quand cette dernière cité-sainte sera définitivement prise par les Arabes, le pèlerinage espagnol seul subsistant, cette coquille représentera le « signe de piste » indicatif du chemin des « étoiles » : on se dirige vers la Croix du Sud pour se rendre à Compostelle. Elle est aussi la marque du baptême de Jésus par Jean le Baptiste. Les dessins anciens montrent ce dernier utilisant la coquille pour verser l'eau lustrale du Jourdain sur la tête du Sauveur.

Tout voyageur en quête de Dieu, qui emprunte les chemins de la foi vers le tombeau d'un saint, pour obtenir pardon des péchés ou remercier des grâces obtenues savait, en voyant une maison ornée de cette coquille, que sa porte s'ouvrirait puisqu'il représentait l'hôte, le Christ en voyage, l'homme d'Emmaüs que l'on devait honorer par la charité. L'accueil, dans ces maisons « coquillardes », était totalement gratuit et l'habit du pèlerin dispensait des péages si fréquent au Moyen Age car ils constituaient des moyens d'alimenter les caisses des « services publics » qui entretenaient ponts et chemins.

Les côtes de la coquille sont au nombre de neuf, chiffre qui est la marque de l'initié. Elle semble liée, de plus, à la féminité. On se souvient que Vénus née de la mer est apparue portée par une coquille Saint-Jacques. Par contre, l'entourant, le triangle est marque de masculinité. Nous sommes effectivement devant la maison d'un couple. L'histoire confirme le fait puisque Jean du Lys ne devint propriétaire du fief que par l'apport en dot du domaine par son épouse. Au-dessus du triangle, deux serpents à gueule ouverte, prêts à mordre : c'est l'évocation du Serpent vert de l'alchimie comme la marque d'Hermès, dieu de la médecine.

La tiare, par sa couronne triple, indique que la mutation majeure a été exécutée dans cette demeure. Mais elle est aussi la marque du pouvoir spirituel du Pape, ultime royauté pour le Moyen Age. Arcy fut, sur le plan religieux, desservi et administré par l'abbaye de Vézelay mais, comme elle, la demeure n'était point régie par le clergé local. Elle dépendait uniquement du Saint-Siège, de même que les Templiers et les Hospitaliers. Le Maître du Logis était seigneur « *Patron* », car c'était lui — et non l'évêque du lieu — qui nommait le curé du village et le rémunérait. L'église du village, quant à elle, était administrée par tous ses habitants : c'était la « fabrique » (on voit comme les mots ont changé de sens) qui s'occupait de la section matérielle à laquelle tous contribuaient suivant leur fortune ou leur générosité.

Le bas du porche, sous les statues, est particulièrement intéressant. L'actuel propriétaire a retrouvé et photographié trois fois d'autres œuvres identiques dans des lieux tout à fait différents et sans nulle autre relation avec Le Chastenay que la présence de ces demeures sur une route de pèlerinage. L'étonnant, à part Nogent-le-Rotrou où la maison est datée d'un an de moins que le manoir, est que ces porches appartiennent à des demeures du XIIe siècle, tel par exemple, celui de la commanderie templière de Villemoison dans la Nièvre.

Dans le hameau du Beugnon, toujours à Arcy-sur-Cure, on constatera que la chapelle porte sur son porche une décoration cousine de celle du Chastenay (voir sur la RN 6 l'embranchement à droite, en direction de Paris). Il semble qu'il n'y ait pas à cela de hasard. Le propriétaire du Chastenay pense quant à lui que, lorsque l'on a bâti la tour, on a réutilisé une partie décorée existant dans le château et on l'a « personnalisée » pour lui donner la marque représentative de l'occupant d'alors (celui du XXe siècle a mis aussi sur les girouettes les pièces honorables de la face de son blason pour indiquer la reconstruction faite par lui).

Si ces signes sont inscrits sur les montants, c'est qu'ils ont une utilité. Rien, au Moyen Age, n'est fait sans cause. Tout présente, en plus d'une forme harmonieuse, un but pratique.

Ici, c'est la vocation d'accueil du pèlerin qui a commandé la décoration.

Lorsqu'on partait pour un pèlerinage, la règle était que, dans certains lieux, le voyageur fût accueilli sans qu'on lui demandât de l'argent. Mais il fallait revêtir le costume du pèlerin, indispensable pour niveler les conditions sociales et pour affronter les difficultés du voyage. C'était une capeline imposante relevée au-dessus de la figure et sur laquelle on cousait les coquilles de plomb, symboles du pèlerin. On revêtait la grande cape ou manteau protégeant les bras de la pluie (que l'on nomme encore par tradition la pèlerine). Elle était en laine imperméable et, à l'étape, faisait fonction de sac de couchage, en plein air ou sous les porches qui servaient d'abris à l'entrée des églises sur la route prévue. On disposait aussi d'une gourde pour boire en chemin et d'un long bâton, le bourdon, qui avait près de deux mètres et servait aussi bien à faciliter la marche qu'à se défendre contre d'éventuels agresseurs. Il était interdit d'emporter des armes : le pèlerin se confie à Dieu pour assurer sa sauvegarde.

Cela ne suffisait pas : l'habit ne fait pas le moine et encore moins le pèlerin car il y avait des voleurs qui revêtaient l'uniforme pieux pour détrousser les fidèles sur leur route, on les nommait les coquillards ! Si celui qui s'embarquait dans l'aventure du pèlerinage avait pris la précaution d'obtenir un mot de son curé ou de son évêque pour se recommander aux autorités religieuses, cela ne permettait point de se faire ouvrir les gîtes d'étapes. Malgré les coquilles, le billet de confession et d'attestation d'un voyage religieux, il fallait encore se faire reconnaître comme un vrai pèlerin.

Pour y parvenir, tout le long des routes habituelles, on recevait une « initiation » qui, en plus d'une recherche de la foi, comportait des indications pratiques pour se faire accueillir sans payer et se faire ouvrir les portes. Pour la petite histoire, il faut préciser que les vœux ou les confessions qui engageaient le pèlerin sur un chemin pouvant durer des mois ou des années, se doublaient d'accommodements qui permettaient, moyennant une contrepartie financière donnée aux clercs, de ne point se rendre *physiquement* jusqu'au bout du but religieux voué ou ordonné. On pouvait, en effet, en suivant l'enseignement des chapiteaux et signes initiatiques placés dans les églises sises sur la voie sacrée, faire « mystiquement » le chemin sans sortir du lieu de culte, comme on fait aujourd'hui un « chemin de croix ». Une fois accomplie cette procession qui comportait un rituel précis , on pouvait faire appel à des professionnels qui, moyennant finance et argent comptant, iraient en mandataires, réciter les prières ordonnées et mettre les cierges dans les sanctuaires. Les fameux labyrinthes des cathédrales sont, eux aussi, les supports d'un voyage mystique.

Sur le portail du Chastenay, des signes informent les voyageurs en quête de Dieu. A gauche et à droite, juste sous les personnages, des caducées, symboles de la médecine magique et des praticiens de l'hermétisme. D'un côté, l'homme à pied ; de l'autre, le cheval. Ces figures indiquent que Le Chastenay accueillait ceux qui voyageaient à pied comme ceux qui utilisaient une monture, ce qui est un peu exceptionnel pour une maison hospitalière car seuls étaient reçus ailleurs les piétons jugés comme pauvres, alors que les riches avaient les moyens de loger à l'auberge.

Au-dessous du caducée, d'un côté un ange, de l'autre un bélier. L'ange est l'esprit qui ordonne les feuilles d'acanthe le surmontant ; le bélier est la passion charnelle qui agite les feuilles placées au-dessus de l'animal.

Pour entrer dans cette demeure, il fallait donc se faire reconnaître.

On ne se fiait pas au costume, mais à l'enseignement reçu lors de chaque étape religieuse où les desservants apprenaient aux pèlerins la façon « occulte » de se faire recevoir comme représentant du Christ, comme l'inconnu qui frappe à la porte et à qui la charité est due — que ce soit celle du lit, de la table ou des soins. Sur le terrain appartenant au manoir prospèrent deux sortes de plantains destinés à guérir les plaies infectées, les ampoules ou les coupures, autrement dit des maux affligeant des marcheurs.

Connaître le sens caché des signes figurant près des portes était indispensable, surtout dans le cas de maisons templières, car elles contenaient l'or et l'argent du trésor royal. Après avoir frappé à l'huis, le visiteur devait correctement répondre à des questions formulées par les gens de l'intérieur.

Ainsi, pour expliquer cette démarche, on posait la question suivante : « Dites-nous ce que signifie ce losange sis à votre gauche ? »

On en voit un, effectivement, sur le montant. Le sens de ce dernier, on l'a évoqué tout à l'heure, est celui de la rencontre de la terre et du ciel, de l'eau et du feu, mais il est aussi la représentation du sexe féminin (une vulve) et l'on notera qu'en héraldique les jeunes filles et les femmes portent leurs écus d'armoiries avec cette forme.

Ici le signe est particulier car, à l'intérieur du losange, se trouve un signe solaire sous forme de fleur épanouie. Autrement dit, un sexe fécondé. A la question posée il fallait donc répondre : « C'est une femme enceinte ! » et alors on vous ouvrait...

On constate enfin, au piédroit de chaque pilier, la présence d'un diable (l'un d'eux est plus effacé) : s'il s'agit peut-être du fameux Baphomet des Templiers, c'est aussi la marque des puissances infernales qui menacent le chrétien. A lui de les éviter pour arriver au terme de son périple. Il faut laisser le démon derrière soi quand on pénètre dans une demeure hospitalière car *Dieu est un choix de liberté*. Le diable et le mal existent afin que l'on puisse, librement, décider de prendre la voie de Dieu et du Bien, et non celle du « Malin » dont la présence est partout rappelée dans les édifices du Moyen Age, même dans les plus simples églises. A nous de l'abandonner à la porte du manoir !

CHAPITRE VIII

L'ENVOL : L'ESPRIT DE DIEU PLANE SUR LES EAUX

Le colombier du manoir

Le pigeonnier

Comme il a été dit plus haut, le colombier ou pigeonnier est la marque de la seigneurie. Point de maison noble sans lui car seuls les tenants d'un fief noble pouvaient en posséder un dont les « boulins » (ou cases de pierre pour abriter un couple d'oiseaux) allaient jusqu'au sol : il est alors dit « à pied ».

Le pigeonnier, indissociable de sa réglementation juridique, est une construction écologique avant la lettre.

Sous l'Ancien Régime, on savait que les fientes des pigeons polluaient l'eau des citernes ; aussi le code royal interdisait-il en ville tout élevage de pigeons à quiconque, noble ou manant. A la campagne, la situation était différente : paysans et seigneurs avaient cette possibilité, mais sous diverses conditions très strictement appliquées. Pour ne pas causer de troubles aux cultures, on ne pouvait avoir de couple de ces oiseaux qu'autant que l'on puisse posséder le terroir nécessaire pour les nourrir.

Ainsi quand on pénètre dans un pigeonnier noble on peut, en comptant les boulins, connaître l'étendue du fief car chaque case représente 33 arpents, soit une charrue en Normandie (mesure carrée viking), un journal en Bourgogne (car le journal — comme en Flandre d'ailleurs — correspondait à l'espace de labour effectué dans la journée par un homme dans une vigne allongée) d'où vient donc l'expression normande « carrer ses prés » pour s'enrichir foncièrement et « allonger son vin » en notre terroir bourguignon. Une autre raison de la réglementation des pigeons était économique : les empêcher de dévaster les terres. Comme le seigneur accordait aux pauvres le droit de glanage après la récolte, on ramassait même les grains laissés dans les champs, après le passage des humbles, pour les volatiles du pigeonnier. Rien ne devait se perdre en ces temps où famine et pénurie voisinaient souvent.

On verra, à l'intérieur du pigeonnier du Chastenay, la fameuse échelle tournante pivotant le long de la circonférence des cases. Elle permettait d'aller prendre les petits dans les nids quand ceux-ci étaient aptes à être consommés, sans effrayer les couples. On voit qu'il existe une différence entre la partie ancienne de la tour de guerre ainsi mutée en pigeonnier car les boulins sont de deux sortes. Dans la partie basse, chaque nid est précédé d'une pierre plate mise en saillie perpendiculaire. C'est encore une donnée « écologique » : on a fait ces plates-formes pour permettre au couple de se retrouver et aussi empêcher que les rats puissent venir se saisir des oiseaux ; leurs griffes lâchent, ne pouvant franchir l'obstacle lisse de la dalle en saillie.

Indépendamment du pigeonnier, cette tour de guerre est identique aux autres, mais elle n'a pas l'abri des gardes sis au deuxième niveau de ces parties de fortification, emplacement où l'on accédait par des échelles. On se rend parfaitement compte en regardant par les meurtrières que toute l'enceinte est faite, comme on l'a déjà indiqué, pour une défense par armes à jet. Chaque tour avec son embrasure est à portée d'arc et chaque garde flanque et protège son homologue qu'il voit en face de lui. Du côté de ce qui était le verger et où le site n'a point la protection naturelle de l'escarpement, malgré la douve, on a percé plus tard, les canons ayant été inventés, une meurtrière carrée. Une crémaillère de pierre, simple et ingénieuse, permettait, avec l'aide d'une pièce de bois calant le fût de l'arme, de former la hausse permettant, par un tir courbe, d'atteindre le but visé. Pour allumer l'engin, existe une pierre noire sise à la base de cette crémaillère et l'on s'en servait pour battre le briquet où avec un silex on allumait la mèche permettant l'envoi du boulet par embrasement de la poudre. Cette pierre noire avait une autre utilité : elle servait, quand la tour pouvait être prise, de repère (vu de l'échauguette de la façade) afin que du bâtiment central, ultime refuge, l'on puisse tuer les servants ennemis, s'ils voulaient utiliser la pièce contre les défenseurs du Manoir.

On remarquera aussi la voûte faite comme toutes celles des autres tours de défense car la forme et l'appareillage de pierre tient certes avec un mortier, mais surtout par un calage des blocs de la construction obtenu à l'aide d'une voûte en terre qui servait d'échafaudage et que l'on retirait une fois la clé mise en place.

Ce type de construction est celui des Romains (où l'on ne se servait pas d'échafaudage en bois) comme dans les autres éléments de la bâtisse : c'est une preuve de l'ancienneté de l'appareil militaire du Chastenay.

Ce pigeonnier offre de surprenantes particularités. Ceux qui connaissent les œuvres des Compagnons apprendront, sans surprise, indépendamment de la symbolique particulière du pigeon (souvent confondu avec la colombe, représentant la Trinité et l'Esprit), que la charpente du toit est en acacia, symbole d'une double renaissance : celle d'Hiram, roi de Tyr, fondateur du temple de Salomon, assassiné par trois compagnons avides de pouvoir, mais qui manifeste sa future résurrection sous la forme d'une branche d'acacia qui fleurit sur sa tombe et manifeste l'or de ses fleurs en exprimant le mythe de la résurgence solaire issue de la putréfaction alchimique ; celle de Jésus-Christ aussi, comme on l'a vu lors du voyage dans les « mystères des lettres ».

Juridiquement, le colombier à pied arrivant pratiquement jusqu'au bas de la bâtisse et réservé uniquement aux oiseaux ailés de cette espèce ne pouvait être possédé que par des nobles ayant un fief dont il est d'ailleurs la représentation sous l'ancien régime. De plus, seul l'aîné de la lignée, chef de nom ou d'armes et possesseur de la terre, en héritait alors que les autres pouvaient arriver en concours pour les autres biens !

Marque d'aînesse et de noblesse, donc, le pigeonnier est bâti sur une tour de guerre. On sait maintenant pourquoi. Jean du Lys qui changera le nom du Lys en Chastenay (il ne pouvait pas s'appeler du Lys du Lys), avait épousé en 1347 une demoiselle d'Aulenay qui lui apporta la moitié du fief primitif alors séparé en deux « Justices » : celle du Lys et celle d'Arcy. Il laissa au château d'Arcy, « la maison forte », son pigeonnier qui contenait toutes les cases donnant l'étendue du fief ancien dont il n'avait obtenu que la moitié. Il fut obligé de surélever la tour car, ayant fait dans la première partie un certain nombre de boulins, il n'avait plus le nombre de cases correspondant à l'étendue de sa possession. Le réaménagement effectué, tour et pigeonnier indiquèrent correctement les privilèges auxquels il avait droit et qui étaient la contrepartie du droit de glanage des pauvres.

CHAPITRE IX

VIRAGE : POUR COMPOSTELLE, TOURNE LE DOS AU NORD ET VA DROIT, D'ABORD VERS LE SUD !

Façade sud du manoir

La façade sud a subi nombre de modifications au cours des âges. Elle est aujourd'hui isolée du pigeonnier alors que nous savons, par une gravure du XVIIIe siècle qui donne l'aspect ancien du côté nord du manoir avant la Révolution de 1789, qu'elle ne l'était pas. Entre le mur d'enceinte et accolé au logis ancien se trouvait un bâtiment qui servait, au rez-de-chaussée, de cuisine avec deux portes d'accès pour faciliter le service. On connaît, indépendamment de l'image, la forme qu'il pouvait avoir car l'héberge du toit est encore visible à l'heure actuelle. On connaît donc sa hauteur et, pour retrouver son volume et sa forme sur le sol, on fera des fouilles afin de dégager les fondations qui doivent s'y trouver encore. Compte tenu des autres ouvertures du pignon, on suppose que cette partie du manoir comportait au premier une galerie communiquant avec la chambre ouest du vieux logis et que dessous se trouvait également un abri, peut-être en pierre ou en charpente. L'ensemble doit être assez semblable à celui qui subsiste au château de Chastellux bâti à la même époque. Ce dernier, comme Le Chastenay, est toujours resté dans la même lignée familiale sans vente à des tiers hors du sang du bâtisseur. Un jour peut-être, si les Affaires culturelles le permettent, on reconstituera cette fraction de bâtiment détruite au XIXe siècle car il donne de l'équilibre à l'ensemble. Elle fut probablement rasée pour permettre la construction — qui, heureusement, ne vit pas le jour — d'un second pavillon, symétrique de celui du XVIIIe siècle, afin de « faire château » !

Au Moyen Age, le manoir était entouré de douves sèches en herbes. La hauteur ne permet point la mise en eau et l'on en trouve de pareilles près de la « tour Digogne » à côté de l'église d'Arcy, vestige de l'ancien château-fort rond.

Toutes les fenêtres, sauf celle du bas de la salle de compagnie, avaient été bouchées car il existait à l'intérieur du château des tapisseries somptueuses du XVIe qui, malheureusement ont péri par impéritie de l'avant-dernière propriétaire qui n'aimait pas cette demeure. Il a fallu, pour les protéger du soleil qui les dégradait, dévorant leurs couleurs, clore tout ce qui était au sud.

Le propriétaire a osé, avant le classement, ouvrir celles du premier étage, en priant le ciel que ce déblaiement (on avait bouché de l'épaisseur du mur, soit 80 cm) ne provoque pas de désordres architecturaux. Sans cette audace, il est probable que les Monuments historiques n'auraient point permis ces ouvertures qui font de la demeure une maison à jour passant, plus agréable à vivre, car elle reçoit le soleil que l'on craignait pour le teint (comme pour les tentures) au XVIIIe siècle.

Pour équilibrer la façade sud et la rendre plus attrayante, en refaisant fenêtres et crépis d'origine, de restaurer ces ouvertures.

Nous avons la certitude, compte tenu des tableaux conservés de l'époque Louis-XV que cette embrasure du rez-de-chaussée correspondait à une avancée sur les douves, les franchissant peut-être avec un pont qui, à cette époque, devait comporter une terrasse avec balustres afin de permettre aux occupants de profiter de la vue vers le parc et d'assister aux départs pour la chasse tels que les représente l'un des tableaux où l'on voit le site, le seigneur, ses enfants et serviteurs ; les premiers à cheval, portant au poing les faucons de chasse dont les nids perdurent encore dans les arbres du parc et que les gens d'aujourd'hui nomment « des tiercelets ». Oiseaux issus peut-être de ceux du XVIIIe mais qui, comme ceux d'alors, arrivent parfaitement à s'apprivoiser et à venir au poing (revêtu d'un gant de cuir pour éviter les griffures des ergots).

Cette certitude est confortée par la trace du crépi qui, en 1982, subsiste encore et donne sur la façade la marque de la construction rasée, ainsi que par la nature des pierres de bouchage faites de morceaux épars et divers (dont certains ont des martelages de « bouchardes » utilisées exclusivement après la restauration de Viollet-le-Duc comme tout le long du XIXe siècle), montrant le remploi fait avec les destructions commises à cette époque au goût douteux.

A l'angle du pignon, côté ouest et pigeonnier, on remarquera des blocs en saillie. Le sens de ces derniers, comme tout ce qui concerne le manoir, est multiple. C'est d'abord la marque d'une règle de *non-aedificandi,* interdiction de construire devant, méthode simple de repère juridique qui est utilisée dans toute la France et dans les constructions anciennes, même dans les maisons paysannes qui sont de l'autre côté de la Grand-Rue du hameau de Val Sainte-Marie comme dans le bourg d'Arcy. On sait, par leur nombre groupé, que l'on ne pouvait donc bâtir jusqu'à la Cure. Un autre sens est donné par une habitude « compagnonnique » des maçons bourguignons qui, dans un domaine vinicole, taxaient « d'usage » toute édification de pierre en fonction à la fois de l'importance de la propriété vinicole que de l'ouvrage à accomplir. Ainsi, on peut définir la consistance du vignoble qui, à Arcy, était l'un des plus importants car il se plaçait sur la croupe bien ensoleillée du Vallot près du Chastenay, et donnait un vin blanc de choix, de qualité équivalente à celui de Chablis, si apprécié que même Gérard de Roussillon, le constructeur de Vézelay (ou plus exactement de Saint-Père détruit par les Normands) chante le cru d'Arcy si gouleyant et si prisé. Le vignoble fut détruit par le phylloxera, mais si les pierres représentaient les « fillettes » de boisson dues aux bâtisseurs, peut-être rétablira-t-on demain, sur les mêmes terroirs, les vignes disparues. Elles seront plantées avec des moyens permettant l'exploitation mécanique et protégées du gel par aspersion d'eau comme le sont actuellement les cultures vinicoles de Chablis contre le gel précoce.

Près du pavillon du XVIIIe siècle, avant la pose du crépi, il existait des ouvertures également bouchées. C'est peut-être l'amorce d'une tour démolie avant l'édification de la partie XVIIIe. On observera aussi sur la façade, non loin de l'ouverture percée au XIXe siècle, qui fournit un accès vers les pièces du bas, au sud, une pierre incluse dans la muraille et marquée de losanges qui se répètent à l'intérieur du plus grand d'entre eux. Actuellement, aucune explication ne peut être fournie sur cette marque. On peut supposer que cette pierre servait chez les Templiers à marquer l'endroit où étaient cachés des bijoux. Ici, il n'y a sans doute rien derrière, car c'est une pierre de remploi dans une partie remaniée.

Il faut remarquer aussi le décor de la fenêtre de cette façade, au 1er, vers l'ouest. Il y a un rappel certain de la face nord. Les signes y sont aussi cryptés que ceux du nord. La fenêtre à ouvrir et dont une partie subsiste est un remplissage provenant d'une démolition, mais en faisant le bouchage, on a conservé ce qui était décoré. D'ailleurs l'ouverture se fera en conservant le style du haut subsistant car, dans la salle actuellement close, il existe une embrasure qui confirme bien que l'on pouvait pénétrer dans la partie détruite décrite plus haut.

CHAPITRE X

LA PORTE DES JUSTES « C'EST ICI LA PORTE DE IAHVE, LES JUSTES Y ENTRERONT »

Le portail de l'ancienne chapelle donnant sur la rue

Ce portail, par lequel on pénètre actuellement dans le manoir du Chastenay, est aussi curieux par sa forme que par son histoire.

C'était probablement le porche de la chapelle que comportait tout château (qu'il soit templier ou non). On y voit une assemblée en arc de cercle de sept démons moustachus dont les pilosités forment une croix et huit têtes d'angelots. On a vu plus haut la valeur du 7 qui, il faut aussi le préciser, était le nombre clé du comptage du Moyen Age avec le boulier-compteur fait de 7 boules — 5 + 2 — séparées par une barre et comportant 12 tiges, comme aussi le 8 est le symbole du Christ car c'est le 7 + 1, l'au-delà du parfait. Sur cette façade, il y avait deux têtes de personnages, hélas délitées par l'eau car, dans la reconstruction de ce porche qui menaçait ruine quand l'auteur prit possession du manoir, un artisan local, ignorant des techniques anciennes, utilisa du ciment pour remonter les pierres et couronna le faîte par d'autres, poreuses, alors qu'il n'aurait dû employer que la chaux et le sable des anciens, et faire une protection en zinc ou en plomb du couronnement, afin d'éviter l'infiltration d'eau et le gel du corps de la pierre ainsi imbibée. D'anciennes photographies donnent l'allure de ces personnages assez semblables à ceux du porche, mais il est probable que l'on ne fera point des copies car, malgré un désir de restauration, il faut bien accepter l'effet de l'érosion et un manoir totalement refait à neuf avec des « inventions » ferait « nouveau riche », en manquant à la vérité.

La chapelle disparue était à l'intérieur du quadrilatère de défense ; on sait à peu près où elle se trouvait avant sa destruction. Des fouilles peuvent donner l'emplacement exact des fondations. L'histoire locale nous apprend qu'elle a été rasée par l'un des propriétaires devenu protestant lors des guerres de religion. La Réforme a été extrêmement vive dans cette région de Bourgogne. Toutes les villes et les bourgs ont connu les effets de la soldatesque et des hommes de Condé. Vézelay fut d'ailleurs une des villes-fortes protestantes de l'Edit de Nantes. La famille occupante d'Arcy et du Chastenay fut particulièrement implantée dans le parti protestant au point que certains membres durent s'exiler sous la contrainte et quitter le pays car ils furent bannis du royaume sous Henri IV, l'ex-protestant. C'est dire l'importance de leur « turbulence » ! Le maître du Chastenay Philippe de Loron (par mariage : il avait épousé l'héritière Reine d'Aulenay) fut l'un des capitaines de Condé. Il reste célèbre dans l'Auxerrois pour avoir pris la ville en

1566, par surprise, en utilisant une ruse toute bourguignonne, digne du « cheval de Troie ». Auxerre était assiégée depuis un certain temps et le temps des vendanges était survenu, au moment où la cité allait manquer de vin. Un Bourguignon sans vin est un homme bien triste ! Un matin, alors que l'on savait que la récolte se faisait en campagne, les défenseurs virent arriver, venant de la direction de Chablis, un convoi de chariots contenant de la « vendange » qui pouvait servir à faire le breuvage commençant à manquer. Les gardes, satisfaits, ouvrent les portes pour faire pénétrer le précieux chargement, et vite, les referment pour éviter l'entrée des protestants. Hélas ! ces derniers étaient dissimulés sous les grappes et, sortant de cette cachette, passent, par le fil de l'épée, les veilleurs et les soldats : la cité est prise et elle a le sort de toute agglomération saisie par la violence armée. Naturellement les protestants s'en prennent aux églises dont ils connaissent les richesses en biens précieux. Loron, lui, pille l'abbaye de Saint-Germain-l'Auxerrois et s'empare, en plus des vases sacrés et des riches reliquaires, de la châsse d'or du saint que l'on place sur les voitures qui ont provoqué la surprise. Naturellement, le pillard met sa prise à l'abri et l'on ne sait pas si c'est à Coulanges-sur-Yonne où il possédait un château ou bien en Arcy où était la maison de son épouse qu'il enfouit ses trésors volés dans la nuit du pillage. On sait tout cela car il y eut procès. On conte que le maçon qui cacha la châsse précieuse dans un endroit secret fut tué pour qu'il ne le révélât point. Claudine Ravier, la servante qui avait tenu la chandelle et qui était d'Arcy, eut, dit le texte du temps, la langue « râpée » par des coups d'épées. Elle fut interrogée mais, ne pouvant s'exprimer, elle ne donna point les renseignements nécessaires pour retrouver les biens d'église et surtout les reliques.

Quand elle parla, beaucoup plus tard, elle ne se souvenait plus de rien. Peut-être le trésor est-il encore dans le manoir d'Arcy car, ancien château du Lys, il pouvait évoquer la « Maison blanche de Coulanges », d'autant plus que, dans la plaine des Girelles, on trouve aussi un lieu-dit « Les Collanges ». Les fouilles clandestines qu'a subies la propriété n'ont rien donné et les chercheurs nocturnes ont même failli bouleverser les assises de ce château.

La servante se maria et eut une descendance. Si l'auteur s'inscrit dans celle de l'homme à l'épée, le maire actuel d'Arcy (encore un Boirot) est, lui, issu de cette Ravier. Mais il semble que les blessures infligées à la langue de son aïeule n'aient point eu de conséquences héréditaires car, instituteur, il est aussi disert que l'auteur des présentes pages qui se sait bavard par nature voire par hérédité (puisque, dit-on, les La Varende sont une race de conteurs).

On ne cherchera point ce trésor mythique car c'est une aventure réservée au propriétaire qui ne l'entreprendra qu'au moment où le manoir sera totalement restauré. Certains exemples sont parfois tragiques. Ainsi, le propriétaire du château templier d'Arginy s'est laissé obséder par l'hypothétique présence d'un dépôt d'argent et d'or qui y aurait été fait par les derniers chevaliers du Temple avant leur arrestation. On a évoqué esprits et entités diverses, par toutes les voies spirites ou magiques, pour connaître la cachette. Une fortune a été dépensée, pour aboutir à un échec : point donc de chasse au trésor au Chastenay, bien qu'il existe des caves et des souterrains non encore connus ni prospectés. Catholique pratiquant, le maître du logis serait bien embarrassé, sur le plan de l'éthique, par une découverte : ne doit-il pas restituer la châsse et les reliques du saint, si par hasard on les retrouvait ? C'est « chose » d'église qui doit, même de notre temps, retourner à ses ayants droit. Les reliques d'un saint doivent être remises à la vénération des fidèles.

Mais le trésor est d'abord spirituel. Tentons de ressembler à l'adepte d'hier, au pratiquant de l'alchimie qui ne convoite pas les trésors terrestres mais ceux du ciel et de l'esprit.

CHAPITRE XI

MUTATION : VERS LE SIÈCLE DES LUMIÈRES ET L'AUBE DE LA RÉVOLUTION

Le pavillon du XVIIIe siècle

Ce pavillon qui jure, malgré son allure « Renaissance », avec le corps du logis ancien a été décidé en 1783 sur les plans de l'architecte Saligaud et pour faire plaisir à l'épouse du seigneur de l'époque : D'Estutt d'Assay. Le beau-frère qui était chevalier de Malte et avait ses quartiers en la commanderie d'Avallon ou celle du Sauze d'Auxerre, était amoureux de sa belle-sœur. Mais Ordre de Malte oblige, c'était une adoration platonique marquée pourtant par des courriers : on a trouvé entre les tiroirs d'un meuble d'Arcy restauré, l'un d'eux où visiblement on lit, à travers les lignes, cette attirance sentimentale fort vive. A sa belle-sœur, qui le recevait au Chastenay, en l'absence du mari parti en guerre, il servira de conseil dans les aménagements de la propriété mise au « goût du jour ». C'est lui qui imaginera la distribution des nouvelles constructions et l'on retrouve maintenant, avec les divers plans de l'architecte, son projet qu'il ose signer de son nom en se qualifiant d'« architecte par la grâce de Dieu », en indiquant aussi son appartenance à l'Ordre de Malte. On connaît les projets refusés par la dame du Chastenay, car l'architecte qui savait bien son métier voulait araser des tours comme on l'avait fait dans l'autre château d'Arcy. Mais les D'Estutt, ancienne famille normande de la conquête passée en Ecosse après Hasting, sont en fait des Stuarts.

Quatre frères vinrent en 1420 sous Charles VII servir le petit roi de Bourges. L'un d'eux devint connétable de France, vainqueur avant Jeanne d'Arc devant Orléans où il périt six mois avant la prise de la ville par la Pucelle. Cette fidélité à la France de la garde écossaise du Roi leur valut la terre d'Assay et la nationalité française en 1445. Les fameux d'Estouville qui furent ducs normands sont aussi issus de cette même hérédité. Ils savaient, comme toute cette noblesse d'épée et de race, que lorsque l'on modifie un ancien fief noble, on se doit de laisser les marques de cette ancienneté : tours, ponts-levis, douves voire crénelage qui prouvent, de l'extérieur, l'antiquité de la souche. C'était sous l'ancien régime la seule différence qui comptait pour la noblesse et non l'importance du titre porté en courtoisie ou octroyé par le Roi. Ici, à Arcy, cette coutume a prévalu et ce qui a été fait chez l'intendant dont la noblesse était due à la charge (que Saint-Simon appelle la savonnette à vilains) n'a point été réalisé au Chastenay où on a conservé, malgré toutes les mutilations, l'allure féodale.

La forme de cette bâtisse nouvelle était totalement différente, bien qu'établie avec une harmonique dorée qui ne se retrouve plus dans la nouvelle forme du toit XIXe. On le voit aussi bien par les plans que par la gravure du Chastenay transmise par l'ancien notaire d'Arcy et publiée dans des ouvrages techniques. Le toit de tuiles (comme le vieux corps du logis) ne faisait pas césure comme l'actuel en ardoise. On avait laissé des bâtiments annexes faisant écran le long de la route qui passe sous les fortifications. Il n'y avait point de lucarnes et le grenier n'était qu'un comble isolant le bâtiment de la chaleur et du froid ; l'actuelle cuisine était le fournil où l'on cuisait le pain et la pâtisserie ; la cuisine du XVIIIe se trouvait à la place de l'actuel bureau, et des escaliers, supprimés plus tard, permettaient l'accès aux étages.

Quand intervint la mutation en style Renaissance ? Nous pensons, quant à nous, qu'elle date du Second Empire quand Viollet-le-Duc restaura Vézelay. Il y eut alors une frénésie du gothique et du passé médiéval, lancée d'ailleurs par Hugo et sa bataille d'*Hernani* qui joua aussi bien dans l'ameublement que dans l'architecture. On doit à cette époque nombre d'églises pseudo-gothiques voire romanes : il fallait faire ancien à tout prix ! De ce temps proviennent les lucarnes, la toiture, les fleurons et les épis de zinc qui couronnent le faîtage. Mais l'étonnant, c'est que le pasticheur a voulu s'inspirer du décor du vieux Chastenay et l'on retrouve sur les lucarnes (construites aussi par des « dévorants ») les boules de justice signes de cette dernière pourtant abdiquée dans la nuit du 4 août. On remarquera aussi que l'édifice modifié n'est point achevé : il existe des parties non terminées et des décors où la pierre est brute en attente de la sculpture. On doit conserver ce que le grand-oncle du Sablon a probablement voulu faire. Mais, peut-être un jour, dans un souci d'harmonie de couleurs, reposera-t-on les tuiles anciennes, pour réparer ces erreurs d'hier.

Il faut préciser, pour la petite histoire, que même l'escalier intérieur n'est point terminé : il manque la rampe de bois à moins que cette dernière n'ait disparue lors des occupations et des locations. Toujours pour la petite histoire, il faut savoir que toutes les pierres formant ces fenêtres à meneaux néo-renaissance sont signées d'une petite croix visible. C'est en débouchant une porte murée que le propriétaire a été attiré par ce signe. Le hasard a voulu que, lors d'un examen d'un endroit caché, il a repéré cette même croix dans un cercle où le tailleur de pierre a placé son nom, signant suivant la coutume des Compagnons, le travail qu'il estimait bien fait.

Cette tradition d'émargement de l'œuvre d'art est également attestée sur le vieux logis, dans un endroit totalement impossible à déceler pour des non-professionnels. Pour découvrir les noms de ceux qui, depuis 1349, travaillèrent au Chastenay, il faut monter sur le toit de tuiles et se placer derrière la tour Saint-Jean. On trouvera, accessibles aux seuls couvreurs et à ceux qui osèrent monter sur l'échafaudage comme fit l'auteur, les marques compagnonniques des ouvriers, même de ceux des monuments historiques qui interviennent à présent et de l'artisan d'Arcy, un « Boirot » (famille notable du bourg) qui fait actuellement de la restauration du manoir son chef-d'œuvre. Son fils lui a succédé sur les toitures et le petit-fils est présent sur les chantiers du Val-Sainte-Marie, continuant une tradition dont on peut être fier puisque c'est la sixième génération de couvreurs qui prolonge la lignée. Il est étonnant de constater quelle passion inspire l'ouvrage en ce lieu et la maîtrise de ces mains habiles car, spontanément, ils font « beau ». Quand on leur demande une référence professionnelle, ils font venir leurs clients devant le manoir et leur montrent ce qu'ils ont accompli. Il fallait dire cela, car une telle fidélité aux pierres et à la famille est bien rare.

C'est en allant voir l'ouvrage des artisans couvreurs, quand les échafaudages étaient en place que l'auteur de ces lignes a pu se rendre compte de cette tradition de signatures. Mais ce séjour aérien, qui lui rappelait sa jeunesse où il se trouvait dans les enfléchures de l'un de ces trois mâts morutiers, bateaux-écoles, a eu une autre conséquence. Il a pu examiner de près les figures sculptées des Lions et de l'Aigle, décapité sous la Révolution avec les armoiries martelées qu'il surmontait. A sa grande stupéfaction, les lions à la gueule ouverte n'étaient point placés n'importe comment. Leurs bouches formaient des viseurs comme ceux de canons de fusils et, en y regardant vers le bas, on voyait que la visée donnait, comme sur la façade nord, une perpendiculaire vers le bas et indiquait vers le haut une étoile. Mais savoir laquelle fut impossible ! Pourtant cette escalade faite de nuit sur le faîte de l'autre lucarne de la face froide, où, d'en bas, on voit la chevelure du lion qui la termine, a prouvé ce qui était avancé plus haut, à savoir que, là encore, la gueule était un viseur et donnait exactement l'emplacement de la polaire.

Les lieux

C'était dans un petit bâtiment de pierre couvert en tuiles qu'avaient été placés, au XVIIIe siècle, les lieux, utilisés jusqu'à Monsieur du Sablon. La fosse comporte deux ouvertures qui offrent un trône à deux places lequel, avant la période victorienne de pudeur abusive, permettait une utilisation commune par deux individus, même de sexe opposé. Nous avons connu cela dans les feuillées des camps de prisonniers et cette cohabitation aux cabinets permettait des causeries et des rencontres d'informations (Radio-Latrines !). C'est pour cette raison qu'en faisant la visite du manoir, on a le droit de dire « que les Bourguignons sont bavards et font la conversation même aux W.-C. » !

Le fournil

Le fournil actuel a été installé dans une ancienne construction du XVIIIe qui servait sans doute de loge de concierge ou de logement de jardinier. On y trouve un étage supprimé lors de la construction du four à pain qui date, lui, du temps des modifications du pavillon Saligaud (couvert de tuiles mécaniques !). Longtemps, il a été mis à la disposition du groupe de spéléologues Yonne et Vercors pour que ces « inventeurs » d'Arcy souterrain (ils font tous les travaux de repérages des cavernes qui percent le massif du château et des grottes) aient un abri en hiver. Grâce à leurs recherches et à leurs plongées nos connaissances scientifiques et techniques sur notre sous-sol deviennent plus approfondies.

Ce sont les seuls que nous autorisons à travailler dans ce domaine pour diverses raisons dont la principale est qu'ils connaissent parfaitement les dangers de cet univers cavernicole et qu'ils prennent, sachant leurs risques importants, *toutes les précautions pour éviter les accidents.* La spéléologie est, il faut toujours le préciser, un acte où l'on engage sa vie. Le propriétaire, responsable, ne veut pas, à cause d'imprudence de non-initiés, que des morts surviennent : Arcy a déjà donné un lourd tribut (à cause de plongées solitaires ou d'explorations non organisées) de trois morts. On comprend donc pourquoi on ne sacrifie point à la mode et que toute exploration comme toute fouille est interdite sur le territoire du Chastenay. Le patrimoine est « bien commun » certes, mais il y a aussi une nécessité de protection pour le demain des autres et il faut le défendre, malgré un goût libéral qui ouvre la demeure au public.

CHAPITRE XII

LA DESCENTE DANS LA NUIT : TU PARVIENDRAS DANS LE MONDE SECRET DE L'HADES

Les celliers du manoir

Le caveau

Le caveau qui se trouve sous le pavillon du XVIIIe et sous l'ancien corps de logis se compose de deux parties.

La première a été réalisée avant la construction de l'ouvrage dû à l'architecte Saligaud qui en fit les plans et modifia l'entrée pour permettre le passage direct des fûts, par une porte donnant sur la rue, afin d'éviter aux châtelains les désagréments de manipulations des futailles dans la cour du château. On arrivait par la face nord et non au sud comme aujourd'hui. L'escalier est large, justement pour autoriser le passage de grosses pièces. Avec des planches, il offre un parfait plan incliné. En utilisant un cordage, on parvenait à sortir les muids des caves où le vin se maturait. La voûte et la hauteur sont importantes. On constate que l'arrondi parfait, presque roman d'allure, a été obtenu en dressant un échafaudage de bois, à l'aide d'un coffrage dont on constate les marques dans le ciment. L'ancien pressoir du XIXe qui sert de décor dans cette cave où la température reste parfaitement stable à cause de l'excellence de la ventilation.

La seconde partie sous le bâtiment d'origine est, elle, très ancienne. La voûte n'est absolument pas régulière : ce n'est même pas une forme ogivale qui pourrait résulter d'une construction gothique. En plus du fait qu'elle est creusée dans le roc, on pense qu'elle a cette forme bizarre car on n'a point utilisé, comme pour l'autre, un coffrage régulier en bois mais, comme à l'intérieur des tours à la romaine, on a entassé de la terre pour faire la voûte et on a coulé entre les pierres bien alignées un béton fait de sable et chaux qui a servi de liant. Cela donne la forme imprécise que l'on voit.

On a creusé dans le rocher avec la technique du Moyen Age : barre à mine pour ouvrir une fente dans un défaut du sol, puis enfoncement à la masse d'un coin de bois en chêne sec et dur. Mouillé, sa dilatation provoquait l'éclatement du rocher qui, fragmenté, pouvait être donc enlevé par les manœuvres.

Au fond de cette grande salle se trouvent trois « tabernacles » ou bien des « autels de la Vierge » qui sont des trous creusés dans les parois et où l'on plaçait lampes ou chandelles. Dans l'angle du fond, un escalier de pierre qui débouchait dans la salle de compagnie et que l'on appelle en Arcy un « vide bouteille ». La petite salle entre la première cave et l'ancienne dans cette dernière était la réserve de bouteilles de vins fins que l'on plaçait couchées, les séparations de pierre étaient celles des qualités et des crus.

On a souhaité instaurer, en cette cave, dans laquelle on a fait déjà des réceptions (plus de 300 personnes) une confrérie vinicole féminine que l'on a dénommée par anticipation les « Ménades de Bacchus », commettant d'ailleurs une erreur de jugement. Il sera difficile dans les temps actuels de trouver des participantes valables : les Ménades étaient des vierges qui couchaient Bacchus lorsque ce dernier avait trop bu. Mais notre temps est celui des substituts : il faudra bien, pour pratiquer le rite, trouver ces derniers, car dans notre siècle de liberté des mœurs, les vierges capables de célébrer le « rituel bachique de la Grosse Canelle » sont, hélas, bien rares !

Ce caveau, éclairé, est fort accueillant surtout s'il s'y trouve à manger et à boire. Le vin pris à la canelle (boire à la cave est dit en langue Arcyates « faire une descente de cave à la grosse canelle ») est à bonne température de conservation pour l'estomac et l'on en boit sans soif car, s'il est du cru, il descend dans la gorge « comme un Jésus en Culottes de Velours ». On y reste à parler voire à danser sans que le temps se compte. Au petit matin, surtout en été, les participants aux agapes, une fois l'escalier monté, s'écroulent souvent, terrassés par le vin et le changement de température, alors que dans le caveau ils ressentaient un parfait bien-être.

Il est possible que l'ancienne cave soit plus vaste. Mais dans l'état actuel de nos connaissances, c'est seulement une hypothèse, car la cave n'arrivant qu'à la moitié du bâtiment du XIVe, on suppose que le reste est aussi construit sur d'autres excavations. Il est possible que de cette cave partent des souterrains, mais là encore on n'a pu en déterminer l'endroit d'accès. On sait qu'au-dessous de la cave se trouvent un courant d'eau et une grotte dite de Barbe-Bleue (aucun des propriétaires n'a pourtant occis son épouse !) et qu'à chaque bâtiment actuellement implanté en surface correspondent des cavernes en sous-sol. Des liaisons souterraines devaient exister avec les châteaux voisins et déboucher sur les grottes ou au loin. Si l'on a cette certitude par des travaux de voiries voire des signes « templiers » sur la muraille extérieure du manoir, on n'a pas encore repéré les ouvertures. L'histoire renforce cette hypothèse car, pendant la guerre de Cent ans, les deux autres châteaux d'Arcy furent pris par les Bretons (les Anglais d'alors) pendant trois ans, mais le Chastenay resta libre.

Pour résister aux assauts, il fallait disposer d'un accès à l'eau et à la nourriture donc au dehors, malgré l'ennemi, et disposer de sorties pour y parvenir. Mais, de ce dispositif, rien n'a encore été identifié.

C'est par miracle qu'on connaît l'emplacement du pont-levis et l'entrée exacte de l'ancien château templier et alchimique. Lors de la reconstruction de la tour nord-est donnant sur la rue du hameau, on a dégagé les traces de la herse et du passage des piétons qui avaient droit à une autre entrée que celle des véhicules.

On a également identifié les éléments de protection de cette entrée fortifiée qui, comme le reste de l'enceinte et même comme le corps du logis faisant fonction de donjon, ne peuvent se comprendre qu'en raison de l'utilisation de flèches ou d'armes de jet, puisque le manoir ne pouvait résister qu'à ce type d'armes (autre indice de son ancienneté).

CHAPITRE XIII

PÉRIPLE AUTOUR DE MA CHAMBRE

L'intérieur du manoir, le pavillon du XVIIIe siècle

La cuisine du XVIIIe siècle

On entre parfois dans le manoir par la cuisine du XVIIIe siècle où se trouvent encore des objets et des meubles mentionnés dans un inventaire de 1802 qui décrit le mobilier d'alors.

L'actuelle cheminée a été modifiée au XIXe siècle. A l'origine, cette pièce était la boulangerie et un fournil se trouvait en prolongement de l'âtre. On a, lors de la transformation « Viollet-le-Duc », déplacé le jambage de gauche afin de pouvoir installer un « potager », petit fourneau de carrelage disparu à cause d'un locataire qui y avait installé sa cuisinière et dont le propriétaire a trouvé l'identique au château de Tharoiseau qui appartint aux Desttut d'Assay alors que les parents occupaient ce domaine et laissaient à leur aîné celui du Chastenay. Il y avait deux récipients de fonte pour recevoir, soit les braises, soit le charbon de bois quand ces dernières n'étaient pas prêtes, ce qui permettait d'accomplir « l'alchimie de la cuisine ».

Il subsiste une porte qui n'existait pas quand le propriétaire actuel a pris possession du manoir. C'est l'ouverture de cette porte décelée par un gondolement du crépi, qui a permis de connaître, par les signes marqués des pierres, le nom du tailleur.

Cette porte donnait sur une courette. En prolongement de l'escalier, au-dessus de la citerne, se trouvait avant le XIXe siècle une souillarde dont la cave a été utilisée comme réserve d'eau car on avait perdu l'emplacement du puits qui n'est pas encore retrouvé.

Le bureau

C'était, avant Monsieur du Sablon, l'ancienne cuisine du château de sa mère et de sa grand-mère. Toute la poutraison a été sans doute réalisée par lui et établie sur son ordre. Tout y a un « tour » gothique Napoléon III qui est encore accentué par le papier gaufré et les lambris qui décorent cette pièce. C'est de cette période que datent les meneaux pseudo-Renaissance et aussi les lucarnes dont les sculptures inspirées de l'ancien logis ne sont pas encore terminées puisque les sommets des chapiteaux comportent des pierres en attente du décor. Sur le côté nord du pavillon une fenêtre sur deux est achevée.

Les étages du pavillon

Ils ne présentent aucun intérêt particulier si ce n'est une décoration purement XVIIIe siècle, réalisée au XIXe siècle, pour créer une harmonie avec les meubles d'époque qui s'y trouvaient.

Les chambres du deuxième et dernier étage sont sous combles avec des poutres apparentes qui, hier, étaient noyées dans du plâtre. Les premier et second étages de ce pavillon du XVIIIe communiquent avec le vieux logis par des ouvertures qui existent mais sont bouchées et que l'on fera réapparaître quand le vieux bâtiment sera enfin restauré totalement.

Quittons le pavillon si mutilé du XVIIIe pour découvrir le cœur de l'ancien logis.

On y trouvera successivement la salle de compagnie, les étages avec l'atelier d'Alchimie terminant l'escalier de la tourelle Saint-Jean et la salle à manger d'autrefois à laquelle il manque une cuisine dont on connaît, par un document, la seule face nord.

Le propriétaire espère qu'un jour, un hasard heureux lui procurera une reproduction de la cuisine dans sa totalité, peut-être grâce à l'intervention bienveillante d'un de ses lecteurs.

CHAPITRE XIV

ULTIME MONTÉE : AU CŒUR DE L'ATHANOR, TU GRAVIRAS L'ÉCHELLE DE JACOB POUR DÉCOUVRIR L'ÉTERNELLE SAGESSE

L'intérieur du vieux logis

La salle de compagnie

Cette pièce, fort belle, avait beaucoup de caractère avant l'édification du pavillon voisin et sa déplorable restauration, qui faisait jouer l'imagination, au lieu de respecter l'ouvrage ancien comme il est de règle aujourd'hui. Il y avait là une énorme cheminée de 3,60 m de long, sans doute gothique, qui comportait un appareillage destiné à rôtir un animal de grande taille, à l'aide d'une mécanique à tournebroche. On a conservé le poids de pierre qui, remonté, mettait la broche en mouvement. Sa dimension comme son poids donne une idée de l'impressionnant ensemble du mécanisme.

Que l'on ne s'étonne pas du soin que l'on prend à regarder le moindre détail car, au Chastenay, la découverte est perpétuelle. La pierre qui gît dans un coin du parc peut être meule romaine, outil préhistorique, voire sarcophage comme celui d'un enfant qu'on vient d'exhumer en retrouvant le pont-levis.

Au XIXe siècle, pour donner une apparence XVIIIe siècle, on a cassé l'ancienne cheminée gothique dont le chevet permet de mesurer l'ampleur. L'un des morceaux de ces affreux dégâts est inclus dans le mur où il a servi à boucher l'énorme trou dû à cette stupidité décorative.

Aujourd'hui subsiste une cheminée Renaissance, car on n'est point parvenu à en retrouver une gothique — comme le demandait l'architecte des Monuments historiques — de la taille qu'il souhaitait. Peut-être fut-elle acquise par l'un des hôtes de ce manoir, alchimiste tel que Jean du Lys, puisqu'elle porte toutes les marques de la « Pierre Philosophale » et que ses décors sont ceux de l'extérieur du Chastenay comportant les conjonctions et les signes de mutation de la matière. Elle s'accorde bien avec le plafond et aussi avec l'extraordinaire polyptique de bois peint, fonctionnel et symbolique, qui lui fait face.

Le polyptique initiatique

Initiatique aussi car, une fois encore, le fameux septénaire est présent. Ce qu'il faut remarquer, outre le plafond à la française de 1800 (la date est sur une poutre mais à l'envers), c'est ce mur de bois, fonctionnel, avec ses placards et surtout ce polyptique naïf, peint sur des panneaux de bois assez grossiers montrant ainsi l'ancienneté de cette décoration.

Les portes polychromées seront un jour restaurées car les Affaires Culturelles (venues prendre des clichés pour le musée des Monuments Français du Trocadéro) désirent qu'elles soient classées comme le reste du logis. C'est un travail qui ne peut être entrepris qu'en dernier et après la remise totale en état des locaux du premier étage, les charpentes étant réparées (on a pu sauver les poutres anciennes soit par creusage soit par trait de Jupiter) et les cheminées rétablies — ce qui en 1981 était en cours.

L'existence de cette façade est liée à une raison technique : l'utilisation de la pièce comme salle de garde pour les soldats, quand la bâtisse était un ouvrage militaire. Ces derniers se chauffaient près de la broche. La porte s'ouvrant vers le portail Saint-Jean prouve bien cette utilisation culinaire puisque l'on constate qu'elle possède encore le trou du chat avec une glissière pour le refermer quand grillaient des quartiers de viande dans la cheminée. Pour éviter que les châtelains soient dérangés par leurs hommes et les servantes et comme la tour de l'escalier n'était point édifiée, il fallait, pour gagner les chambres du premier, utiliser l'abri de la paroi de bois car, à son extrémité, à gauche du panneau, existait un escalier à vis (on trouve là une avancée) qui était le prolongement de celui en pierre provenant du caveau du sous-sol. Au Moyen Age, on vivait collectivement et les pièces habitables comportaient plusieurs lits : on se groupait pour profiter de la chaleur, surtout en hiver.

Les scènes naïves des sept panneaux (chiffre magique de l'alchimie) sont tirées de la Bible et plus particulièrement de la vie de Joseph. Au-dessus de l'emplacement de l'escalier (n'existant plus car faisant double emploi avec celui de la tour), l'échelle de Jacob et la montée vers le ciel (les êtres sont superposés pour l'atteindre). Par le plus grand des hasards, il est situé au-dessous de la chambre de la maîtresse du logis.

Le deuxième, de gauche à droite, représente Joseph dans un puits et le troisième le même Joseph, délivré par ses frères de son inconfortable position. Là encore se produit la rencontre avec la sortie du « vide-bouteille » qui conduit à la cave.

Le quatrième conte l'épisode de Putiphar, la reine d'Egypte, tentant d'entraîner Joseph dans son lit. Mais l'homme vertueux échappe à l'étreinte de la femme en lui abandonnant son manteau pour ne pas trahir son maître.

Le cinquième figure le Pharaon qui se repose, étant sûr de son intendant. Sur la partie droite du tableau, au-dessus des fameuses vaches grasses et maigres annonçant les plaies d'Egypte, deux grottes et un arbre. Au-dessous, une sorte de panneau carré. Nous pensons que cette œuvre du XIVe siècle indique les deux grottes situées sous le château : « Barbe-Bleue », déjà citée, et celle du « Moulinot », moulin banal alimenté par une résurgence de la Cure, qui appartenait autrefois aux moines de Vézelay et fut échangé contre d'autres avantages. La prairie serait celle du Moulinot sise au droit de l'escarpement sur lequel est édifié le manoir. Il y a là le vestige d'un arbre énorme sur lequel se grattent les ruminants qui utilisent cet herbage. C'est peut-être l'arbre du tableau ! Fait curieux : quand les spéléologues de Yonne et Vercors plongèrent pour étudier la résurgence, on constata, une fois le ruisseau remis au niveau ancien après enlèvement de la vase, que l'on contrôlait les siphons par une simple vanne et qu'on facilitait leur désamorçage, ce qui avait comme conséquence de pouvoir pénétrer dans la caverne sans immersion totale et sans plongée.

Cette vanne est sur le tableau du XIVe. On peut dire, puisque les Templiers plaçaient leurs trésors sous une cache d'eau, que l'on avait retrouvé leur coffre-fort, mais sans espèces monnayées. La découverte fut importante car elle permit de régulariser les cours d'eau souterrains issus de la Cure.

Le massif et le domaine comportent nombre d'excavations outre la grande grotte et des captages d'eau souterraine que l'on explore encore. Mais à présent, on ne passe plus par simple plongée avec tube. Des appareils respiratoires sont indispensables, les investigations du sous-sol étant particulièrement dangereuses. En faisant l'adduction d'eau du hameau, on a mis à jour un conduit allant du Chastenay à la Maison forte, mais il ne fut pas exploré. On sait aussi, grâce à un signe templier sur le mur d'enceinte, qu'un autre va des anciennes annexes à la Courtenbas où existait, en bordure de Cure, une tour de défense arasée pour établir une terrasse. On a la certitude de la réalité de ce passage car, en hiver, la route est gelée sur toute son étendue sauf au droit supérieur du signe, là où le sol est réchauffé en raison d'une circulation d'air souterraine due à l'excavation.

Les deux derniers panneaux n'ont pas été identifiés car ils sont dans un plus mauvais état que les cinq autres. Pourtant, après la restauration nous connaîtrons probablement, grâce aux détails entourant les personnages, la forme des constructions et des châteaux qui devaient se trouver sur le site d'Arcy et, notamment, la représentation du fort Rond dit Digogne.

Le couloir du rez-de-chaussée

Il sépare la salle de compagnie de la salle à manger du Manoir. Il a sans doute été créé pour permettre une sortie vers le côté sud, mais l'ouverture est désastreuse sur le plan de l'esthétique. Ce mur coupe une partie de la salle à manger et de la pièce qui est au-dessus, on ne sait pourquoi, peut-être parce que l'on n'a point voulu réparer une ancienne poutre par sotte économie ? Ce couloir, comme l'entrée de la salle de compagnie, débouche vers le seuil de la spirale de l'ancien escalier de la tourelle Saint-Jean. On y remarquera un extraordinaire verrou composé d'une simple barre de bois qui disparaît entièrement dans le mur quand la porte est ouverte ; lorsqu'elle est fermée, le madrier clôt l'ouverture en venant loger sa tête dans un logement prévu en creux dans le mur opposé afin que, même avec un bélier, on ne puisse forcer la porte. Voilà encore une découverte qui démontre le caractère gothique du logis.

L'ancienne salle à manger

C'est celle du manoir qui vient aussi de retrouver sa cheminée gothique. Comme dans la salle de compagnie, on constate des ravages dus à des iconoclastes. Les dégâts datent du XVIIIe siècle et de 1783, à l'époque où l'on souffrait du « prurit » architectural qui fit élever le pavillon pour faire de cet antique bâtisse un château « moderne » identique à celui qui était en cours de construction à Arcy, cédé par « cousinage fortuné » ; on ne voulait plus entretenir la maison-forte du XIVᵉ transformée en ferme et en grange.

Il a fallu plus d'un an de recherches chez tous les casseurs de châteaux pour retrouver la nouvelle cheminée et la mettre en place. Par chance, elle est absolument identique à celle qui l'avait précédée. Comme dans la salle de compagnie, les pierres taillées furent extraites de la muraille où elles servaient de maçonnerie.

On utilise généralement cette pièce pour présenter aux visiteurs une exposition photographique sur les découvertes des chercheurs qui explorèrent les sites et les grottes d'Arcy-sur-Cure (sauf celles de Saint-Moré), lesquelles appartiennent aussi au domaine du Chastenay.

Il paraît nécessaire de donner ici au lecteur, une très courte « initiation » préhistorique, car, souvent, on ne voit que le décor naturel des cavernes sans en connaître l'histoire ou la richesse.

Actuellement, on ne parcourt que la grande grotte, et encore partiellement. Des projets sont en cours pour étendre la visite à une partie totalement inconnue qui doublerait (sans la prolonger dans le temps) l'exploration touristique de cette caverne. En fait, on reviendrait par un autre chemin que celui de l'aller et on emprunterait une rivière souterraine avec des salles « sublimes » car intactes et éclatantes de blancheur.

Ce site est unique dans l'histoire de l'humanité, car dans les nombreuses excavations sises sur le domaine et en bordure de Cure, on trouve, comme dans la grotte de l'Hyène, 29 couches de civilisation partant de 200 000 ans avant Jésus-Christ (la culture à galets où les traces de l'homme sont identifiées par ses outils) passant par l'homme de Néanderthal, puis par la grande ère magdalénienne, l'âge du bronze, celui du fer et enfin par les temps gaulois, gallo-romains et romains, sans oublier les traces des époques mérovingiennes et carolingiennes.

Des photographies uniques montrent la grotte dite « du cheval » ornée de peintures du magdalénien célébrant les animaux.

Autres richesses locales : un aqueduc gaulois, une villa gallo-romaine, la route romaine dite d'Agrippa allant d'Autun à Boulogne, une carrière de pierres d'où proviennent les sarcophages mérovingiens de Carré-les-tombes, sans oublier des forges néolithiques, ou des camps, tel que celui de Cora au-dessus de Saint-Moré, commune qui partage le domaine avec Arcy-sur-Cure.

Les trésors issus du Chastenay sont très nombreux. Mais ils sont hélas dispersés dans mille endroits de France. Un des souhaits du propriétaire est de constituer un musée et une bibliothèque où tout ce qui provient de son domaine soit rassemblé car il est important, pour le public qui visite un château d'avoir la connaissance des hommes qui l'ont construit, voire de ceux qui ont vécu sur le site.

Pour aller plus loin encore, on sait, par l'étude des pollens, que le bois des grottes est un témoignage vivant des temps les plus anciens : les arbres sont les mêmes que ceux de l'aurore de l'humanité. Certaines plantes sont des témoignages de périodes chaudes et tropicales. A chacun, et au propriétaire en particulier, de prendre les mesures nécessaires pour conserver intact cet héritage collectif.

Les étages du vieux logis

A ce niveau, il n'y a point de visite possible. En

1981, on y a rétabli les cheminées anciennes. Mais il faut encore refaire sols et crépis, après avoir remis les fenêtres. On bénéficiera d'un très beau plafond à la française comprenant des pièces d'époque, étant données les coûteuses restaurations de la charpente du deuxième niveau.

Ces pièces étaient le logis des maîtres. Il y avait la chambre de la maîtresse et, dans un couloir séparant la partie droite, face au sud, un réduit où se tenait une servante et où, plus tard, sera aménagé un cabinet de toilette. Dans le boudoir de la tourelle est conservé le lit à baldaquin de Madame d'Esttut d'Assay.

Lors de la Révolution, la maîtresse de maison, qui n'avait point émigré, resta dans sa demeure alors que son mari avait gagné l'armée des princes. Il était spécialement recherché par les révolutionnaires car, enfant, il avait tenu la traîne de Marie-Antoinette au mariage du Roi.

Restée seule, la châtelaine ne craignait rien.

Arcy étant plutôt réactionnaire, l'ancien curé non jureur était devenu le maire du village. On fermait les yeux quand le mari, revenant chaque année pour voir sa femme et l'honorer, joignant l'utile à l'agréable, lui faisait un enfant que l'épouse allait déclarer à la commune comme étant le fruit de ses amours matrimoniaux. Certes, ce d'Esttut qui était de petite taille et bien pris de sa personne pouvait utiliser tous les déguisements même féminins. On l'a vu apparaître en travesti à La Force, où il fut détenu et libéré après la chute de Robespierre. Il jouait les marquises et chantait fort bien l'opéra. Dans le pays, comme on connaissait ses qualités génésiques (qui permettaient à l'épouse d'avoir la vie sauve : on ne tuait pas une femme enceinte) et comme chaque année le « Chastenay » voyait, pendant la tourmente, un bébé naître, on l'appelait le « serpent Vert » (le « vert » étant la couleur des nobles).

La châtelaine n'avait point peur de séjourner en Arcy car la fidélité des humbles et de ses paysans lui était acquise : elle fut 59 fois marraine sur 250 feux que comptait le bourg.

Quand on avait taquiné les sentiments républicains en coupant les arbres de la liberté ou profané le temple décadaire (l'ancienne église où était rendu un culte à la déesse « Raison »), les chefs révolutionnaires venaient vérifier la situation qui régnait au village. Alors, on mettait la châtelaine en prison au-dessus de son boudoir. Les paysans se déguisaient en sans-culottes et, politesse bourguignonne obligeant, ils faisaient immédiatement, dès leur arrivée au manoir, descendre les envoyés de Paris ou d'Auxerre dans la cave. Elle était alors bien garnie, bien fraîche et, comme la courtoisie passe par la bouteille et que l'on sait boire au pays, les chefs républicains et leur escorte étaient ivres très rapidement. On les replaçait dans leurs voitures et « fouette cocher », on les dirigeait vers leurs bases de départ. Il ne s'était donc rien passé en Arcy sinon une étape gastronomique et vinicole fort agréable ! Grâce donc aux femmes et aux vins, la propriété est demeurée dans la lignée héréditaire !

Le grenier

Le grenier possède une admirable charpente sans doute en châtaignier (d'où peut-être aussi le nom actuel du manoir ?) car il n'y a point d'araignées. On prétend que l'ouvrage est très ancien et que l'on y a utilisé des bois antérieurs au XIVᵉ qui restent sains. Le propriétaire compte l'aménager afin d'y créer (il pleut souvent en été en Bourgogne) une salle de concert ou d'exposition car il occupe toute l'étendue du vieux bâtiment et sa hauteur est considérable. On remarquera, dans le coin nord-ouest, la prison dont on a parlé précédemment. La porte en est grillagée avec un trou permettant d'y voir l'occupant.

Actuellement, c'est le nid de la « Dame Blanche », une effraie, chouette blanche qui, la nuit, avec son mâle, pousse un cri de chasse tout en volant autour des vieux murs. Cette forme blanche passant devant la lune peut donner à des âmes simples l'impression d'une entité « blanche » qu'elles qualifieront de fée. Il existe d'ailleurs une grotte des fées le long de la Cure. De là à dire que le manoir est hanté, il n'y a qu'un pas vite franchi et beaucoup d'habitants du village n'osent point monter au « Val », la nuit, à cause des « fantômes ».

Quant à l'auteur, il dort du sommeil du juste, avec cependant des bruits d'ailes car des oiseaux trouvent refuge dans le parc, réserve naturelle. On ne chasse d'ailleurs pas sur les bois des grottes, car on ne saurait mélanger les visiteurs avec des porteurs de fusils.

Outre les écureuils roux fort familiers qui hantent les arbres du parc, il y a aussi un couple de tiercelets, ces faucons bourguignons, qui nichent aussi sur ce territoire. Ils appartiennent probablement à la même lignée que ceux qu'utilisaient les fils des ascendants du propriétaire car, au XVIIᵉ siècle, pour aller à la chasse, on ne leur donnait pas un lourd fusil, mais un oiseau apprivoisé qu'ils portaient sur leur poing en allant à cheval, comme l'illustre un tableau naïf au-dessus de la cheminée de la salle à manger, percé de balles allemandes. Malgré les appâts empoisonnés subsistent encore des renards identiques à ceux qui hantaient les grottes 30 000 ans avant Jésus-Christ et que l'on connaît fort bien par l'étude de leurs ossements.

L'escalier de la tour et l'atelier d'alchimie

Nous parvenons au terme du périple initiatique inscrit en ce manoir, du « voyage autour de ma chambre », titre que j'emprunte à une autre lignée, celle des de Maistre de Savoie, dont je suis issu par ma grand-mère maternelle.

Quand on a franchi le portail de la tour dite de Saint-Jean, âme du logis templier et alchimique, on constate que la tour est plaquée, ainsi qu'on l'a dit, sur une façade gothique ancienne comprenant deux portes dont la fermeture d'une d'entre elles a été évoquée.

L'escalier que l'on monte pour aller aux étages et au grenier est usé par le passage des marcheurs de Dieu qui frappaient à l'huis du manoir, pour y recevoir accueil et soins de l'esprit et du corps, hôtes sacrés considérés comme des avatars du Christ. Après le repos du palier, comme on se pressait pour ne point déranger les maîtres qui reposaient, on sautait les deux premières marches allant au grenier où les voyageurs dormaient dans le foin. Il y a eu tant de passage et l'usure est si importante qu'il faut prendre garde en le gravissant, car le giron est incliné, ce qui oblige à une réelle prudence pour ne point faire de chute.

Cet escalier est une spirale de pierre parfaitement

calculée et formée pour chaque marche d'une pierre taillée se terminant en œil. L'axe de la spirale est tel qu'il se déroule en un seul mouvement d'étage à étage. De plus, au niveau du rez-de-chaussée comme du premier étage, apparaissent les meurtrières qui ont un double usage.

Militaire d'abord, pour protéger les fenêtres à meneaux des pièces du rez-de-chaussée. En 1349, elles n'étaient point garnies de vitrages mais occultées par des panneaux de parchemins tendus sur des cadres de bois afin de donner de la clarté dans l'intérieur des pièces. La nécessité d'avoir des peaux de petite taille et parfaitement claires explique d'ailleurs pourquoi le meneau a été divisé en quatre. Lors d'une attaque, on leur substituait des panneaux de chêne capables de résister à l'impact des flèches et on les plaçait aussi dans les ouvertures de côté servant de logements aux barres de bois ou de fer. C'était l'opération consistant à « mettre les bouts », reprise par l'argot pour signifier « partir » ; il ne restait en effet qu'à agir ainsi rapidement ou à mourir. C'était l'ultime défense des occupants quand la deuxième enceinte d'une place-forte était franchie.

Alchimique ensuite, car quand on regarde par ces ouvertures de guet, on constate, comme on l'a déjà noté, que la visée est délimitée à gauche par un signe lunaire, à droite par un signe solaire. Au fur et à mesure que l'on monte, on passe alternativement du soleil à la lune avec une progression due au mouvement en spirale.

Au premier, on retrouve une double façade gothique pour l'entrée des chambres. A droite, il y a une gradation particulière de l'escalier en raison d'un décalage des niveaux, celui du côté gauche étant plus haut que celui du côté droit. Il y a donc dissymétrie, même dans les planchers.

L'escalier se termine au palier du grenier. Il y a quelques marches pour accéder à ce dernier qui était rempli de foin pour assurer aussi bien la nourriture du bétail que pour constituer, en hiver, une isolation thermique des pièces du premier.

Le long des murs, des tapisseries de laine favorisaient l'existence d'une couche d'air isolante, empêchant les froidures de l'hiver de contrarier l'effet des grandes cheminées gothiques dont l'énorme manteau assurait une circulation d'air chaud dans chaque chambre du logis.

Sur ce palier, part un autre petit escalier très étroit, toujours en spirale, selon une giration pareille à celle de l'escalier principal qui s'arrête net à ce palier. Cet escalier a nécessité une construction en encorbellement et en saillie sur la face froide de la façade. Pour l'équilibrer d'une façon non symétrique, on y a opposé la grimace maléfique sur l'ultime côté gauche, le fameux « sinistra » des Romains, avec ce diabolique Lion, signe du soleil démoniaque.

Dans le colimaçon, on ne peut monter qu'un par un, à cause de l'étroitesse. Dans l'autre passage où l'on circule à deux avec l'appui d'une rampe en cordage, il y a deux petites fenêtres qui servaient à guetter le premier rayon solaire. On obtient là des visées, car les bords des ouvertures ne sont pas droites mais en éventail pour augmenter les champs de vision et délimiter les points extrêmes d'apparition de l'astre en fonction des saisons.

On débouche par une porte dans l'atelier d'alchimie, qui donne plein ouest. Elle était autrefois couverte de signes mais a disparu. Sans doute un voleur a-t-il trouvé cette œuvre ancienne à son goût.

Sur le côté ouest de la pièce, dans la même direction que le portail, se trouve une grande mais étroite cheminée gothique qui ne possède pas de conduit d'évacuation, la ventilation étant assurée par les tuiles du faitage pyramidal. La pièce n'est point hexagonale comme le sommet de la tour à partir du toit et après l'entrée dans le grenier, mais en forme de Crismonresch (Christ Dieu) qu'utilisèrent les chrétiens des deux premiers siècles pour créer des baptistères en fonction de la cryptation graphique du nom de Jésus.

S'il n'y avait pas le droit de la porte, nous serions dans « l'œuf philosophal » ou matras alchimique qui s'exprime dans l'art de la cathédrale par la mandorle ou amande dans laquelle est placé le Christ en gloire.

Une grande fenêtre éclaire la pièce et permet aussi à un guetteur de veiller et d'apercevoir l'extrémité de la vallée comme le sommet des crêtes pour assurer la garde militaire en plus de la veille alchimique.

Peut-être l'actuel propriétaire reconstituera-t-il le laboratoire d'alchimie de 1349. Les visiteurs ne pourront monter l'escalier qu'un par un et se tenir à deux dans la pièce. La présence du couple était d'ailleurs exigée pour l'accomplissement du Grand Œuvre. On tenait au maximum à trois dans le laboratoire, quand l'adepte avait décidé de transmettre la connaissance.

Ce n'est pas par hasard si trois personnages figurent au-dessus de l'entrée du porche de cette spirale ésotérique et exotérique qui nous a conduit là.

Rien n'est hasard en ce manoir du Chastenay.

A nous d'apprendre à lire !

CHAPITRE XV

LA FIN DU VOYAGE

Par l'atelier et le sommet de la tour de Saint-Jean, s'achève ce périple autour d'une maison alchimique et templière.

Dieu, suprême sagesse, n'est-il pas, comme le dit si bien saint Bernard, dans ses *Considérations :*

« Longueur, largeur, hauteur, profondeur » ! retrouvant par ces termes la « quatrième » dimension, recherchée par les alchimistes d'hier qui vécurent en ce mystérieux Chastenay et qu'Einstein sut découvrir pour « casser » l'atome.

A propos de tout périple déiste et ésotérique, il est intéressant de rappeler les conseils du maître de Clairvaux, notre lointain oncle :

« Pour ne pas borner notre recherche au savoir, il faut que nous en désirions le fruit. Ce n'est pas dans la connaissance qu'est le fruit, c'est dans l'acte de saisir. »

Saisir qui, selon lui, est indispensable car : « c'est péché de savoir ce qui est bien et de ne pas le faire ».

Saisir, pour le moine de Clairvaux, pour cet homme qui en Vézelay — proche d'Arcy-sur-Cure — prêcha la deuxième croisade, folie pour Dieu qui lança des peuples à la reconquête des lieux saints, c'est avoir la chance de faire la « rencontre majeure » : qu'il faut savoir reconnaître : celle de Dieu, chez saint Bernard ; celle du génie tourné vers le service des autres d'un Pasteur ou d'un Flemming ; hasard supérieur d'un Monod, non fortuit qui transcende car il donne la Vie qu'elle soit physique ou spirituelle.

Cette connaissance, ce saisir, il nous faut les rechercher inlassablement.

Ce besoin de l'âme et du corps devient, quand on l'a éveillé un jour, un nouveau désir, un véritable désir de vérité.

Mais cette soif que procure une « connaissance divine » est et doit être plus forte qu'une pulsion égoïste. Elle contraint celui qui est près de la fontaine à tendre l'écuelle aux autres, qui sont loin du bassin ou encore à ceux qui ne peuvent s'agenouiller pour boire à grands traits l'eau pure issue du griffon : ces éloignés ont, eux aussi, droit au « Divin Breuvage » !

En écrivant ce qui précède, notre cœur redit en silence des vers qu'un poète chantait, hier, dans le secret de sa chambre close :

> « Ayant bu le lait et le miel,
> celui qui croyait au ciel
> le voyait devenir bleu.
> Celui qui croyait en l'Homme
> ne voyait que lui en somme.
> Mais celui qui croyait en un Dieu
> dépassait tous ses aïeux ! »

Il faut, aussi, méditer ce passage de l'Ecclésiaste qui exprime avec grandeur le désir de transmettre aux générations à venir un message éternel :

« Mon fils, dès ta jeunesse choisis l'Instruction et jusqu'à tes cheveux blancs, oui, tu trouveras la Sagesse ! »

Mon modeste texte tente d'être une « instruction » pour ouvrir le chemin des étoiles, puisque je me suis engagé sur cette voie.

Pèlerin, je suis en marche vers le but du voyage qui, pour moi, est Dieu et l'au-delà de la mort. Je souhaite, sur ma route qui, hier était solitaire et ne l'est plus aujourd'hui à cause du manoir du Chastenay, que d'autres assoiffés de Dieu ou de cette « Connaissance » qui nous permet de le rencontrer, puissent parcourir ce périple. J'ai la certitude qu'au terme du difficile pèlerinage entrepris depuis le jour de la naissance, il existe, à jamais la « Joie » et le « Bonheur » absolus, sublimant tout trépas, pourtant inscrit dès le premier instant de vie dans une pauvre chair périssable.

Tout, dans l'existence humaine, peut être message d'éternité, même cette demeure alchimique d'Arcy-sur-Cure.

Arcy-sur-Cure, le 2 octobre 1981.

ANNEXES

- PLAN du CADASTRE DE 1825 du MANOIR DU CHASTENAY -

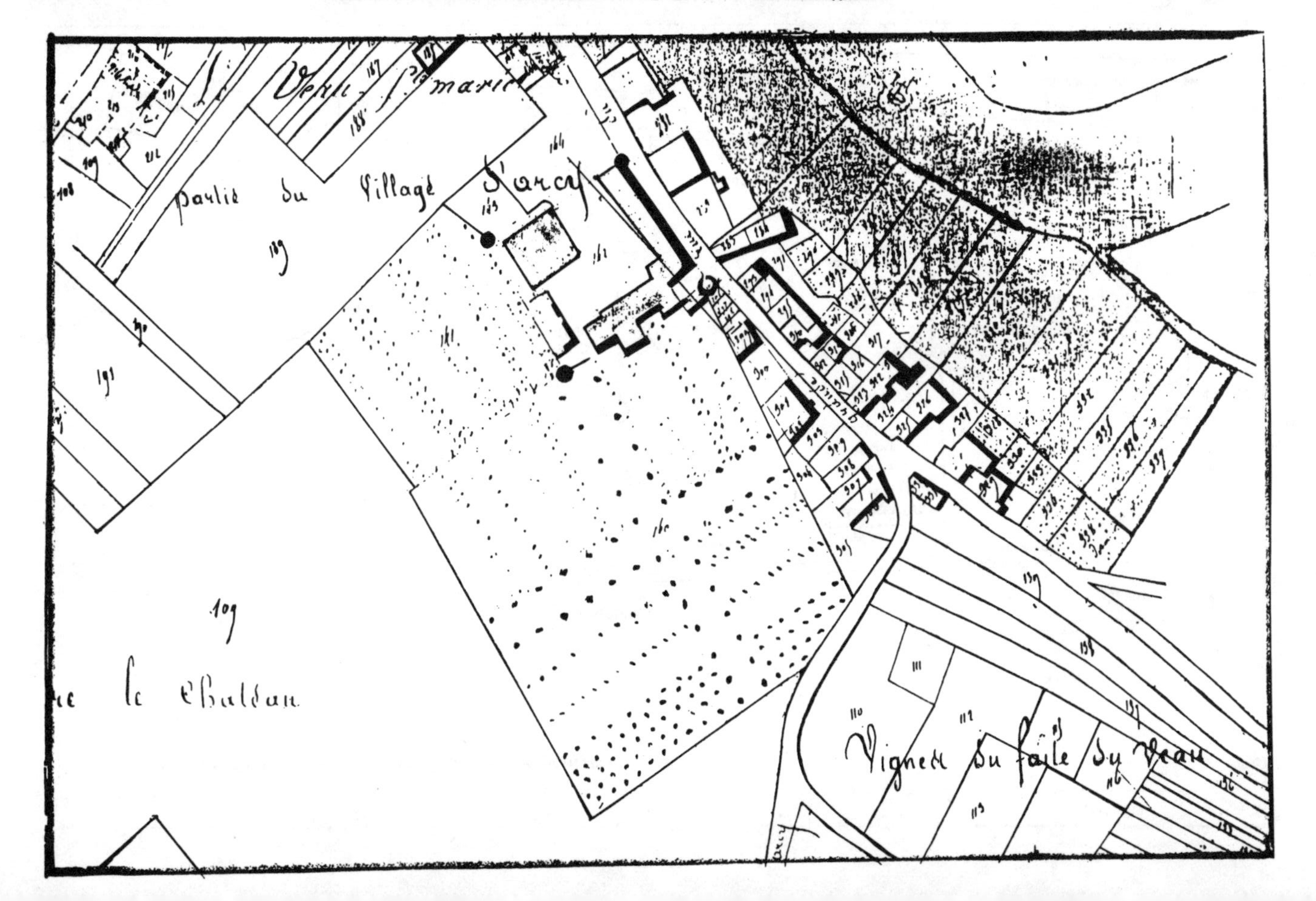

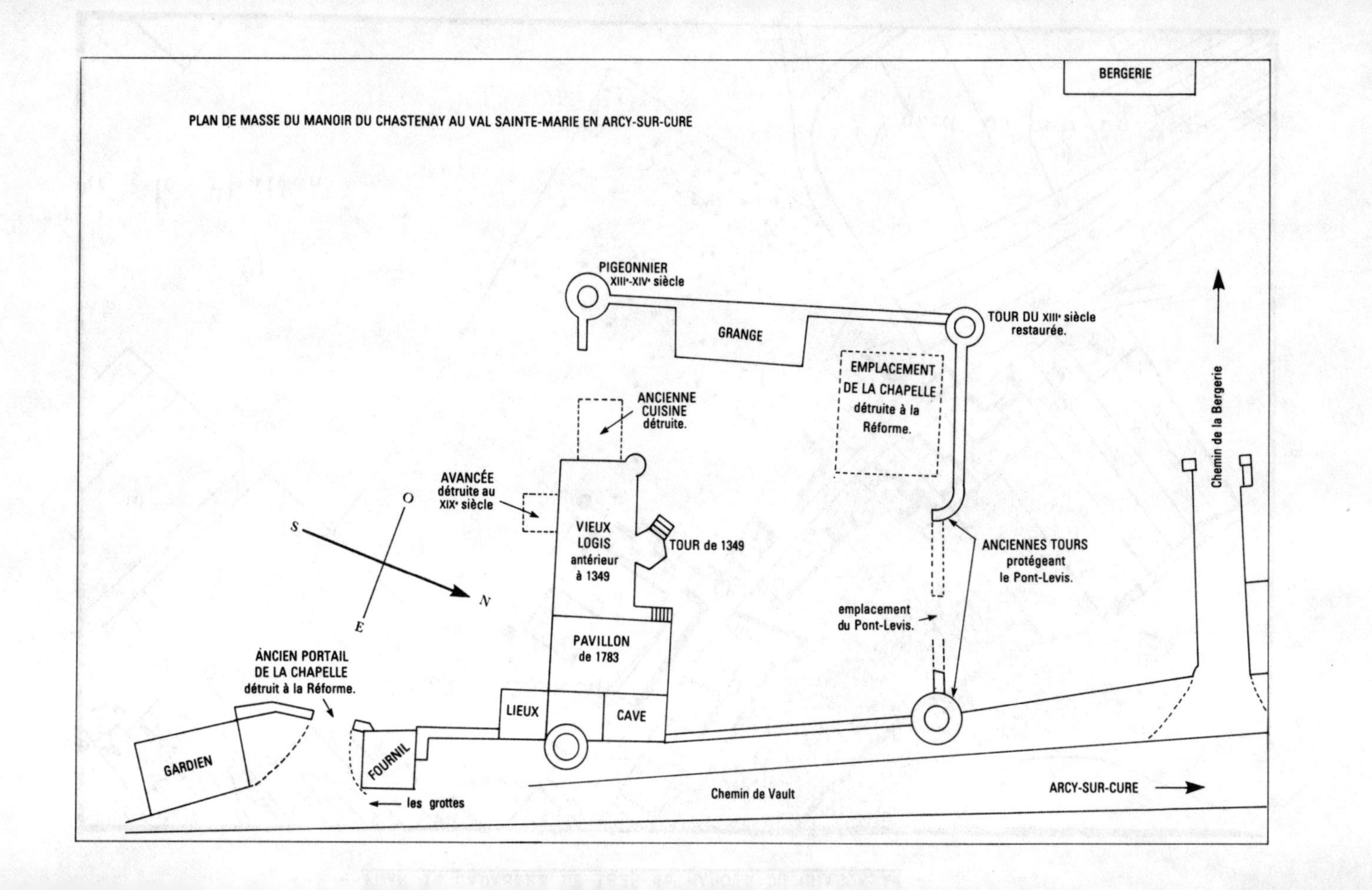
PLAN DE MASSE DU MANOIR DU CHASTENAY AU VAL SAINTE-MARIE EN ARCY-SUR-CURE
BERGERIE
PIGEONNIER XIIIe-XIVe siècle
GRANGE
TOUR DU XIIIe siècle restaurée.
EMPLACEMENT DE LA CHAPELLE détruite à la Réforme.
ANCIENNE CUISINE détruite.
AVANCÉE détruite au XIXe siècle
VIEUX LOGIS antérieur à 1349
TOUR de 1349
ANCIENNES TOURS protégeant le Pont-Levis.
emplacement du Pont-Levis.
PAVILLON de 1783
LIEUX
CAVE
ÀNCIEN PORTAIL DE LA CHAPELLE détruit à la Réforme.
GARDIEN
FOURNIL
les grottes
Chemin de Vault
ARCY-SUR-CURE
Chemin de la Bergerie
S
N
O
E

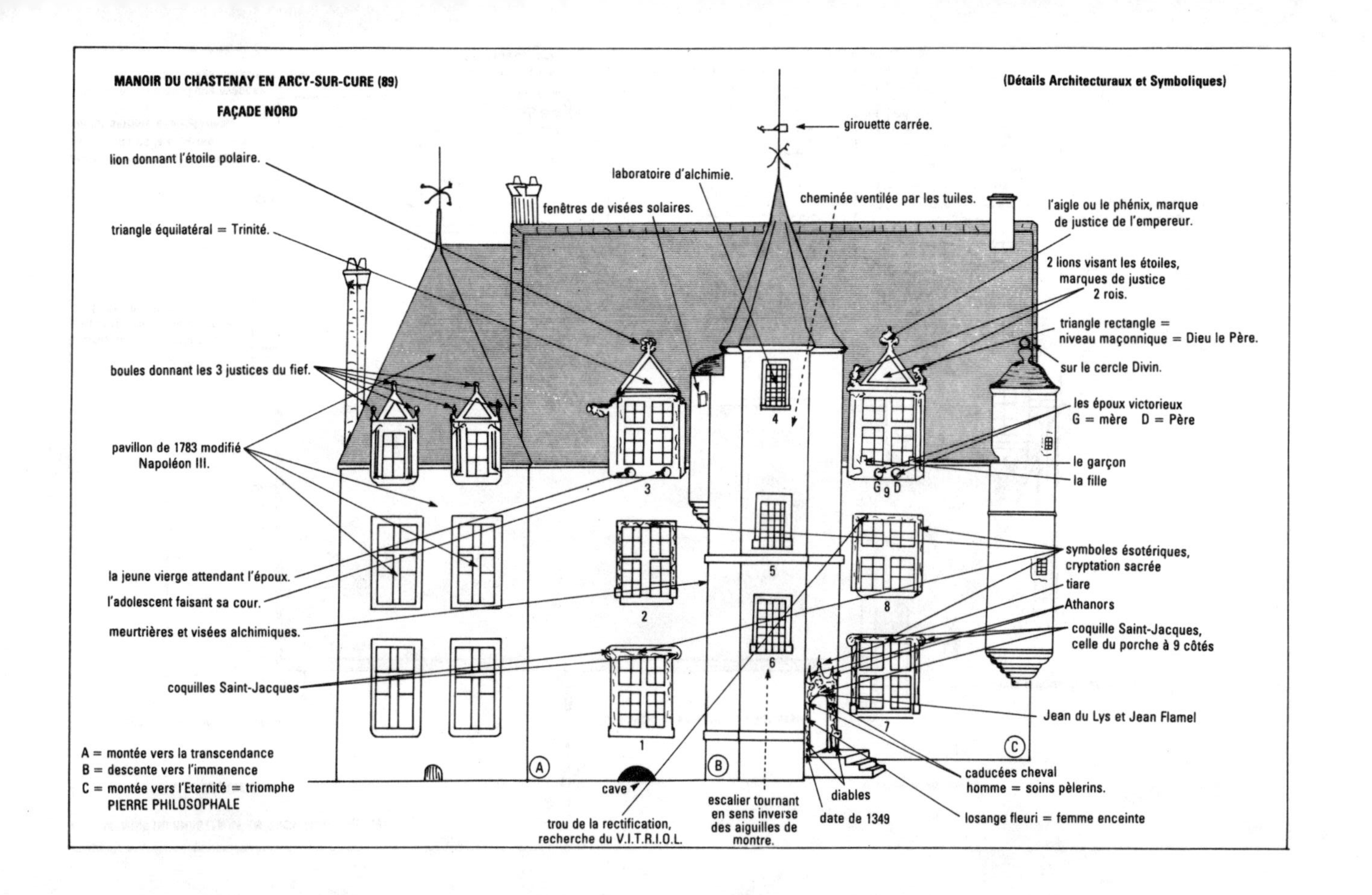
MANOIR DU CHASTENAY EN ARCY-SUR-CURE (89)
FAÇADE NORD
(Détails Architecturaux et Symboliques)
girouette carrée.
lion donnant l'étoile polaire.
laboratoire d'alchimie.
cheminée ventilée par les tuiles.
fenêtres de visées solaires.
l'aigle ou le phénix, marque de justice de l'empereur.
triangle équilatéral = Trinité.
2 lions visant les étoiles, marques de justice 2 rois.
triangle rectangle = niveau maçonnique = Dieu le Père.
sur le cercle Divin.
boules donnant les 3 justices du fief.
les époux victorieux G = mère D = Père
pavillon de 1783 modifié Napoléon III.
le garçon
la fille
G g D
3
4
5
2
8
6
1
7
symboles ésotériques, cryptation sacrée
tiare
Athanors
la jeune vierge attendant l'époux.
l'adolescent faisant sa cour.
meurtrières et visées alchimiques.
coquille Saint-Jacques, celle du porche à 9 côtés
coquilles Saint-Jacques
Jean du Lys et Jean Flamel
A = montée vers la transcendance
B = descente vers l'immanence
C = montée vers l'Eternité = triomphe PIERRE PHILOSOPHALE
A
B
C
cave
caducées cheval homme = soins pèlerins.
diables
escalier tournant en sens inverse des aiguilles de montre.
date de 1349
losange fleuri = femme enceinte
trou de la rectification, recherche du V.I.T.R.I.O.L.

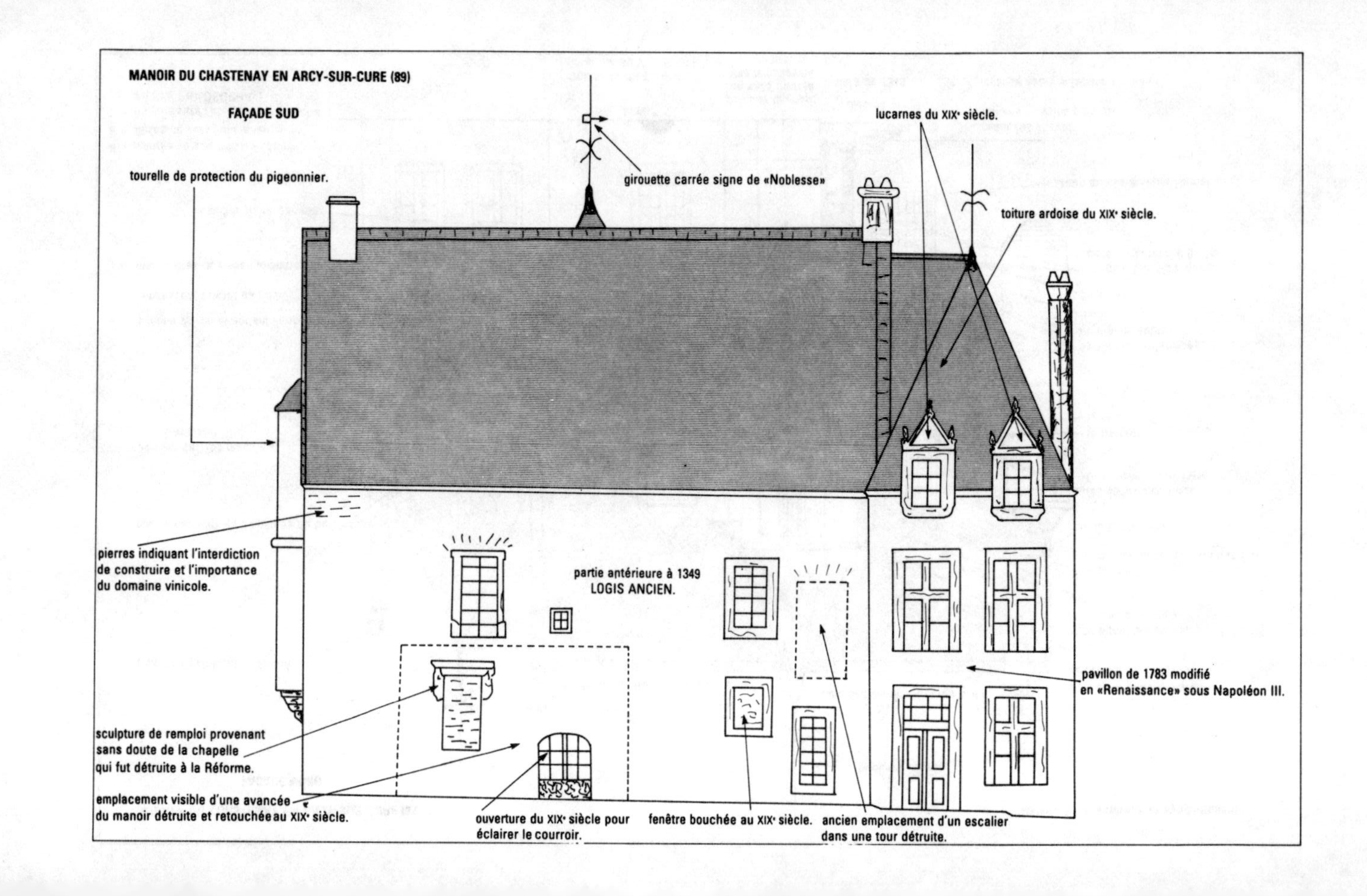
MANOIR DU CHASTENAY EN ARCY-SUR-CURE (89)
FAÇADE SUD
tourelle de protection du pigeonnier.
girouette carrée signe de «Noblesse»
lucarnes du XIXe siècle.
toiture ardoise du XIXe siècle.
pierres indiquant l'interdiction de construire et l'importance du domaine vinicole.
partie antérieure à 1349
LOGIS ANCIEN.
pavillon de 1783 modifié en «Renaissance» sous Napoléon III.
sculpture de remploi provenant sans doute de la chapelle qui fut détruite à la Réforme.
emplacement visible d'une avancée du manoir détruite et retouchée au XIXe siècle.
ouverture du XIXe siècle pour éclairer le courroir.
fenêtre bouchée au XIXe siècle.
ancien emplacement d'un escalier dans une tour détruite.

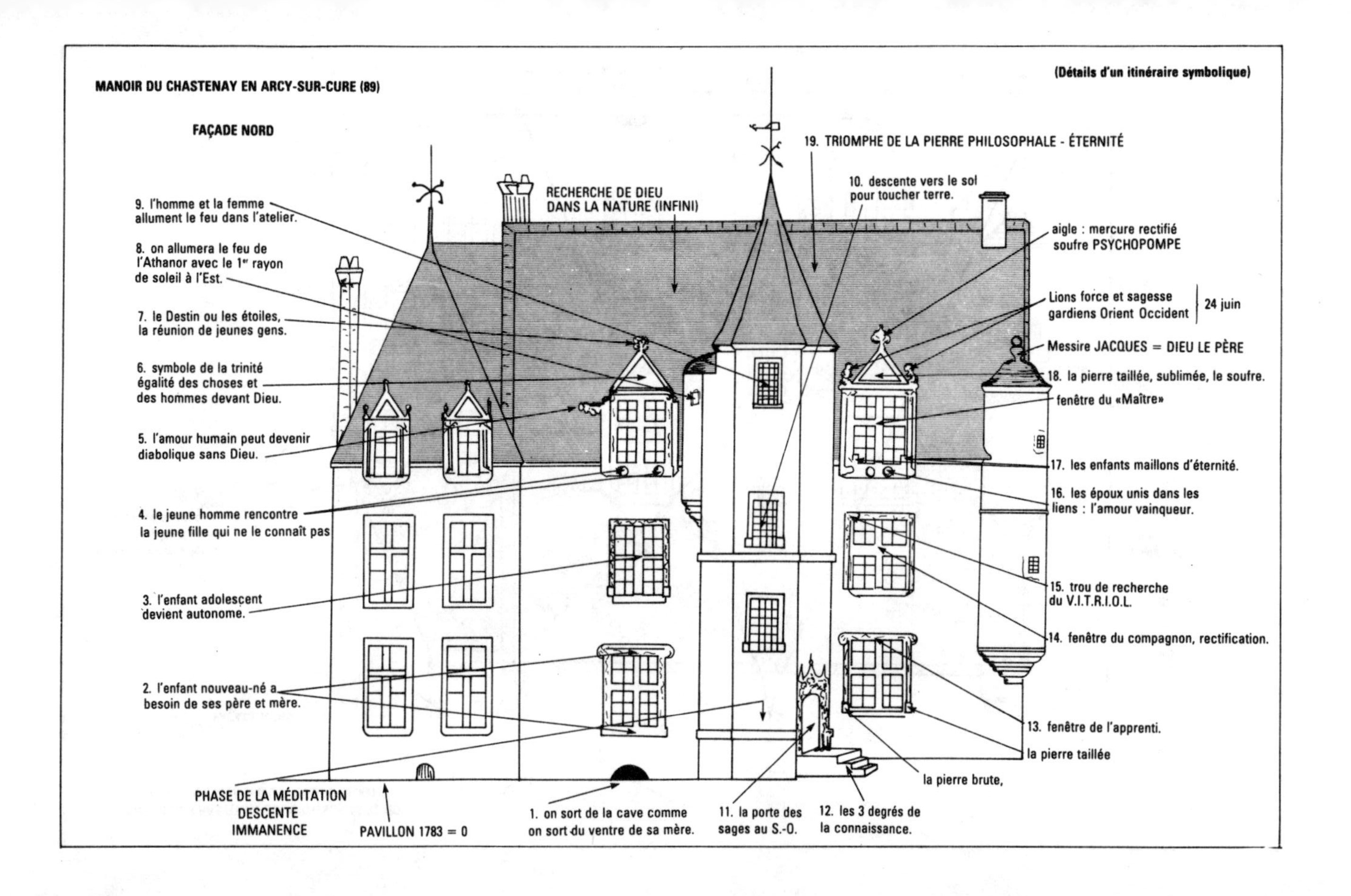
MANOIR DU CHASTENAY EN ARCY-SUR-CURE (89)
(Détails d'un itinéraire symbolique)
FAÇADE NORD
19. TRIOMPHE DE LA PIERRE PHILOSOPHALE - ÉTERNITÉ
RECHERCHE DE DIEU
DANS LA NATURE (INFINI)
10. descente vers le sol
pour toucher terre.
9. l'homme et la femme
allument le feu dans l'atelier.
8. on allumera le feu de
l'Athanor avec le 1er rayon
de soleil à l'Est.
7. le Destin ou les étoiles,
la réunion de jeunes gens.
6. symbole de la trinité
égalité des choses et
des hommes devant Dieu.
5. l'amour humain peut devenir
diabolique sans Dieu.
4. le jeune homme rencontre
la jeune fille qui ne le connaît pas
3. l'enfant adolescent
devient autonome.
2. l'enfant nouveau-né a
besoin de ses père et mère.
PHASE DE LA MÉDITATION
DESCENTE
IMMANENCE
PAVILLON 1783 = 0
1. on sort de la cave comme
on sort du ventre de sa mère.
11. la porte des
sages au S.-O.
12. les 3 degrés de
la connaissance.
aigle : mercure rectifié
soufre PSYCHOPOMPE
Lions force et sagesse
gardiens Orient Occident
24 juin
Messire JACQUES = DIEU LE PÈRE
18. la pierre taillée, sublimée, le soufre.
fenêtre du «Maître»
17. les enfants maillons d'éternité.
16. les époux unis dans les
liens : l'amour vainqueur.
15. trou de recherche
du V.I.T.R.I.O.L.
14. fenêtre du compagnon, rectification.
13. fenêtre de l'apprenti.
la pierre taillée
la pierre brute,

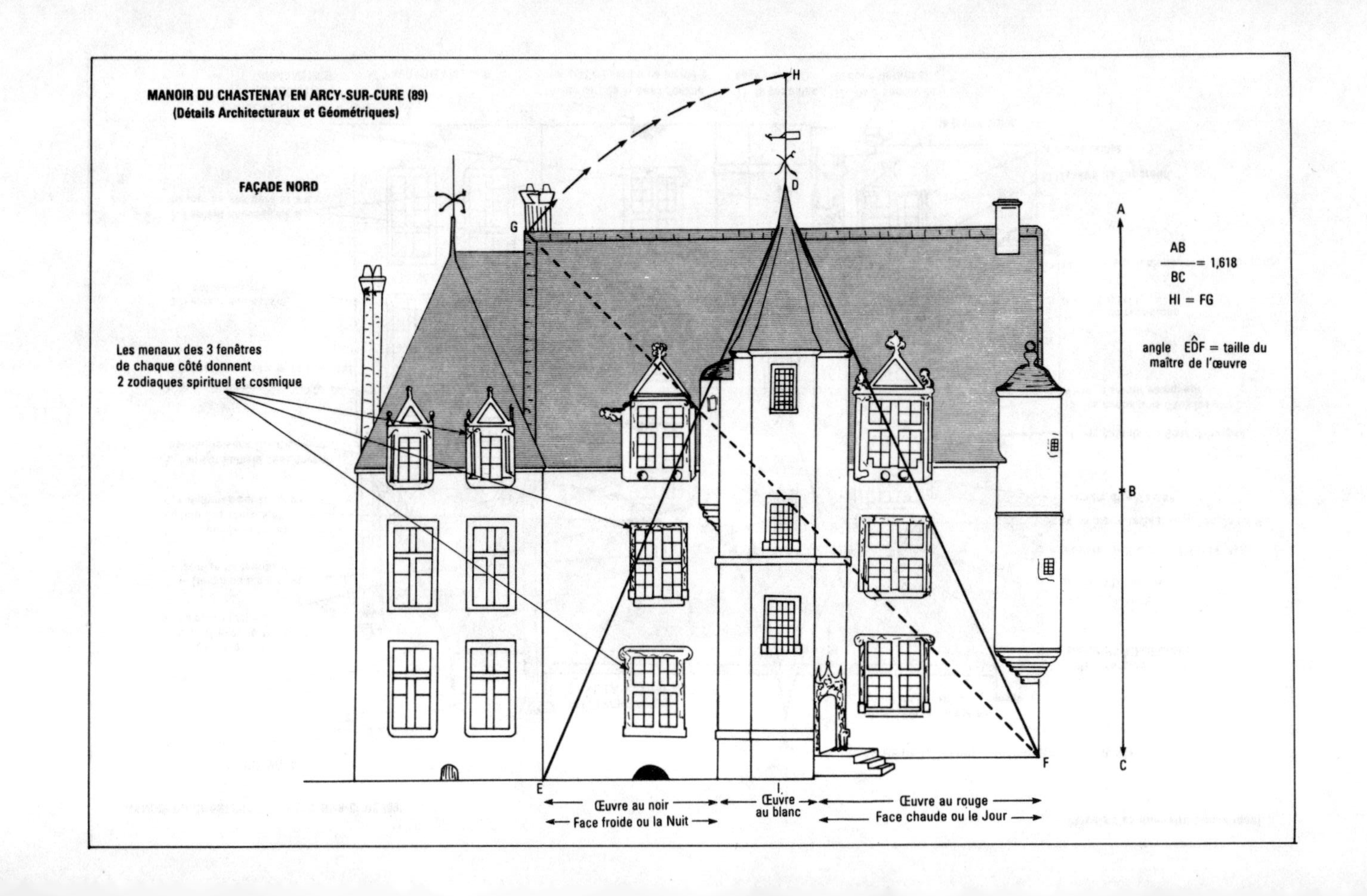
MANOIR DU CHASTENAY EN ARCY-SUR-CURE (89)
(Détails Architecturaux et Géométriques)
FAÇADE NORD
Les menaux des 3 fenêtres
de chaque côté donnent
2 zodiaques spirituel et cosmique
H
D
G
A
B
C
E
I
F
AB / BC = 1,618
HI = FG
angle EDF = taille du
maître de l'œuvre
Œuvre au noir
Face froide ou la Nuit
Œuvre
au blanc
Œuvre au rouge
Face chaude ou le Jour

MANOIR DU CHASTENAY EN ARCY-SUR-CURE (89)
FIGURE DE LA GNOSE

FAÇADE NORD

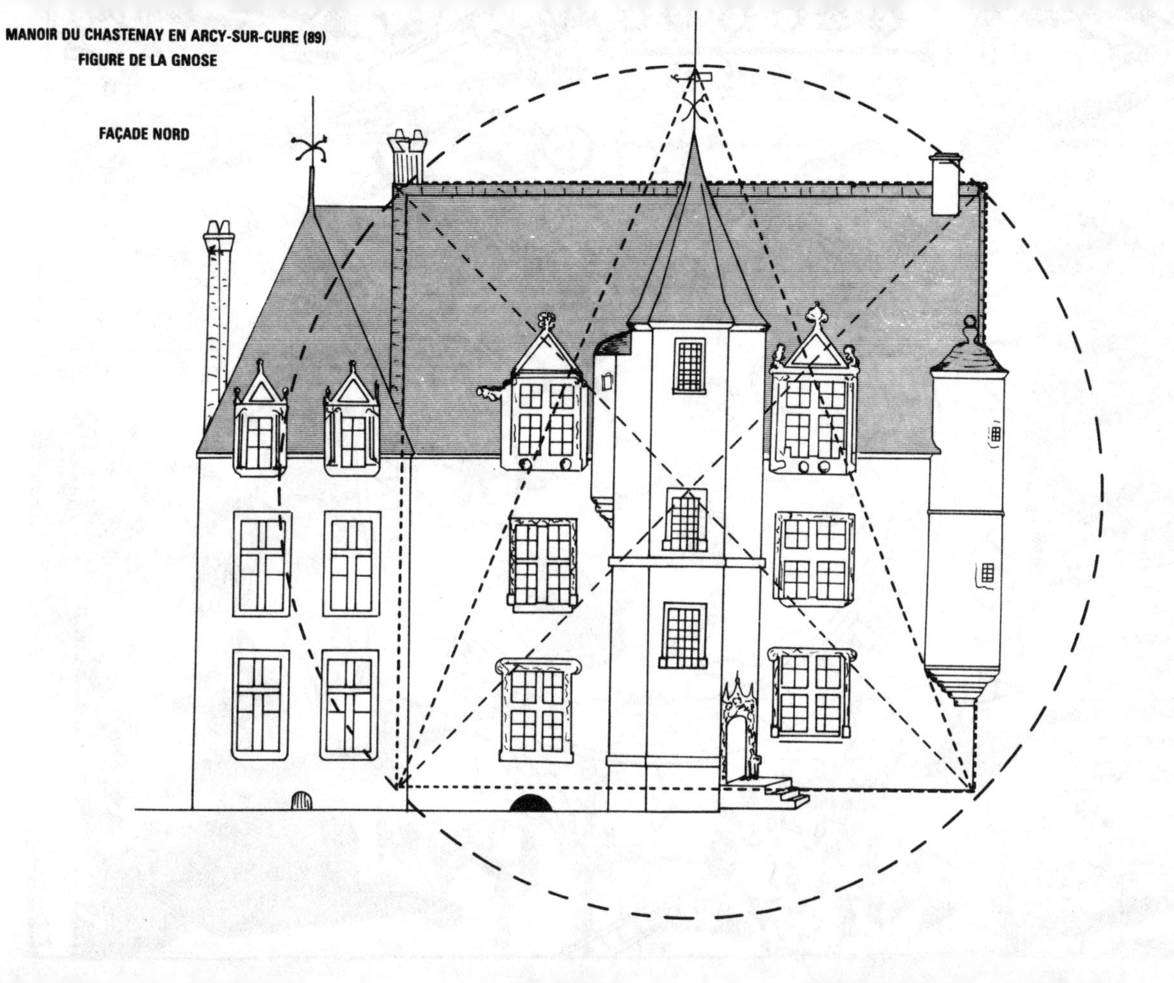

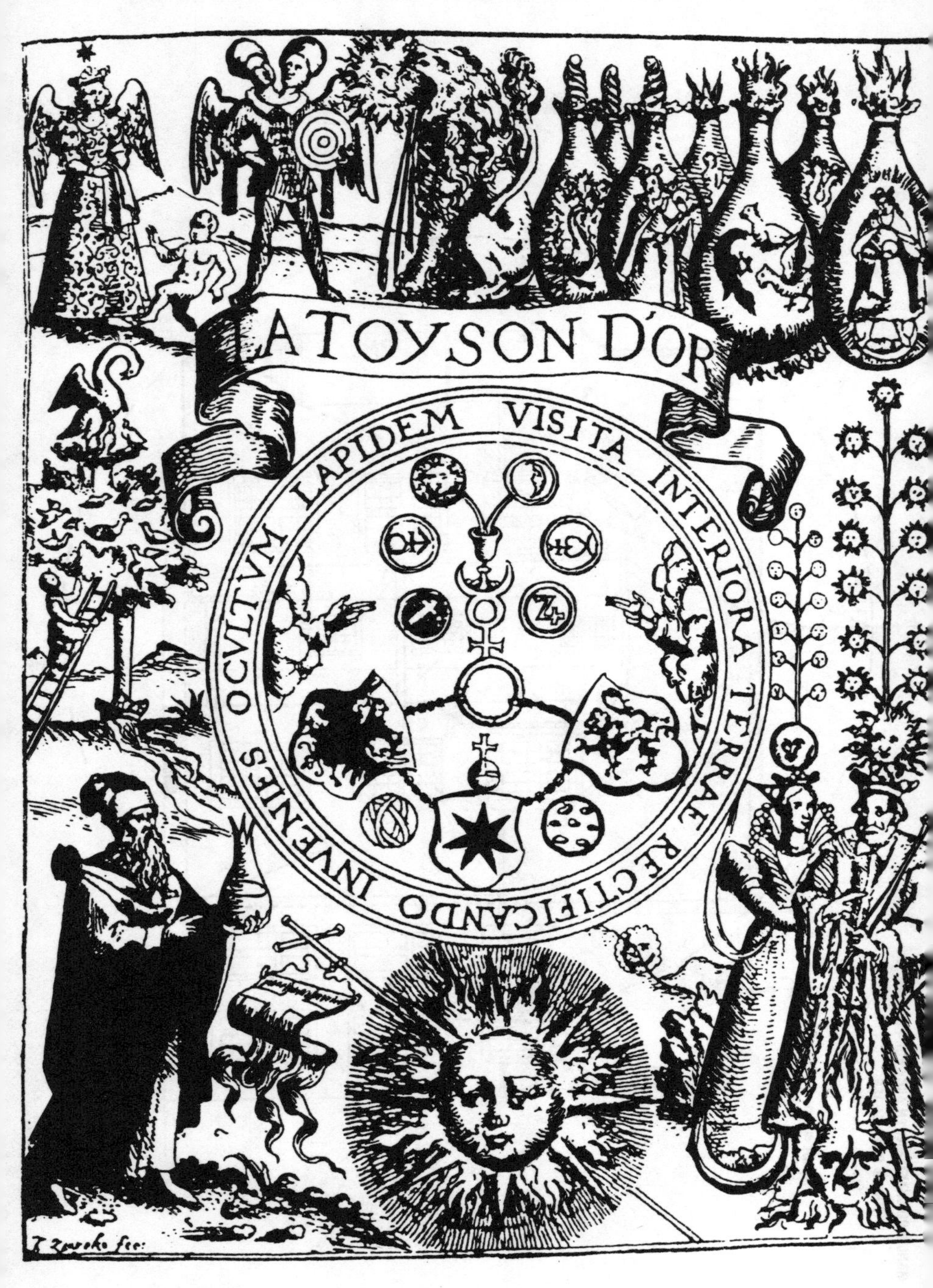

La Toison d'Or, marque des princes bourguignons, représente l'accomplissement de l'« œuvre » philosophale (V.I.T.R.I.O.L.)

Il faut noter que Jean de Lys, porteur de la « Chaîne d'Or » de l'Adepte, montre qu'il a réalisé l'« Or alchimique ».

BIBLIOGRAPHIE

Il nous a paru inutile de mettre ici une bibliographie détaillée, car le chemin que nous avons emprunté pour écrire ce petit ouvrage passe, certes, par les livres, mais surtout par une observation méticuleuse des choses et des pierres.

Comme on l'a dit en commençant ce « voyage », notre vision est née de l'intérieur et nous avons jugé vain d'indiquer la somme de nos sources qui couvre une grande part de la littérature spécialisée, ésotérique ou technique.

Au lieu d'écrire des pages surnuméraires, on a délibérément abandonné ce moyen de prouver des connaissances d'érudition et l'on a préféré prendre comme guide unique le logis du Chastenay.

TABLE DES MATIÈRES

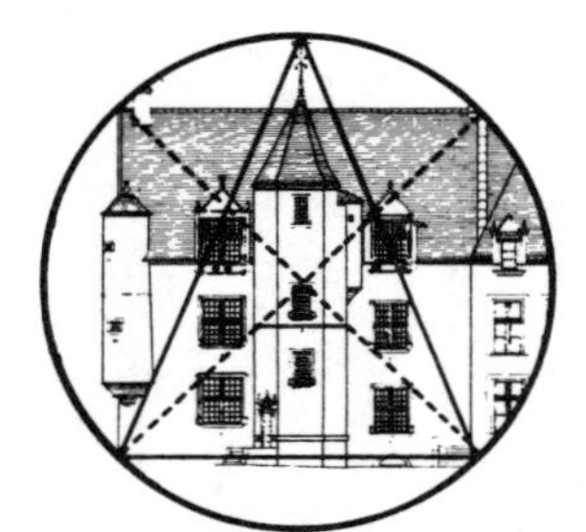

Le château du Chastenay

Imprimé
sur les presses
de l'imprimerie
ARTS GRAPHIQUES 89
89000 AUXERRE

Dépôt légal 5471 - Juillet 1990
Imprimé en France